번아웃 세대

BOOK
JOURNALISM

번아웃 세대

발행일 ; 제1판 제2쇄 2022년 4월 28일
지은이 ; 곽연선 발행인·편집인 ; 이연대
디렉터 ; 신아람 에디터 ; 김혜림
디자인 ; 권순문 지원 ; 유지혜 고문 ; 손현우
펴낸곳 ; ㈜스리체어스 _ 서울시 중구 한강대로 416 13층
전화 ; 02 396 6266 팩스 ; 070 8627 6266
이메일 ; hello@bookjournalism.com
홈페이지 ; www.bookjournalism.com
출판등록 ; 2014년 6월 25일 제300 2014 81호
ISBN ; 979 11 92572 39 0 03300

BOOK
JOURNALISM

번아웃 세대

곽연선

; 직원이 경험하는 조직과 기업은 언제나 변화하고 새로워진다. 그래서 직원의 경험도 한 번으로 끝나지 않는다. 기업이 지속적으로 발전한다면 구성원은 자신이 몸담고 있는 조직과 함께하는 긍정적인 미래를 그릴 것이다. 조직이 바뀌어야 개인이 바뀐다.

차례

번아웃 세대

취업난을 뚫고 가까스로 대기업에 취직한 30대 남성 A씨. 올해로 입사 3년 차인 그는 최근 업무에서 흥미를 잃고 무기력함을 느끼는 번아웃을 겪고 있다. "아무것도 하고 싶지 않다. 어떻게든 살긴 하겠지만 미래가 안 보인다. 하루하루가 너무 힘들고 우울하다. 시시때때로 퇴사 생각이 들지만 억지로 참고 있다. 그냥 쉬고 싶은데, 미래에 대한 계획 없이 퇴사해 버려도 되는 것인지 고민이다."

경력 5년 차 여성 B씨도 마찬가지다. 주말도, 밤낮도 없이 열정적으로 일하던 B씨는 번아웃으로 인해 다니던 스타트업을 퇴사하기로 했다. "번아웃은 정말 무서운 거더라. 모든 게 정지해 버린다. 다 하기 싫고, 하나도 재미없고 의미도 없고, 다 부정적으로 보인다. 월급이 나오든 말든 상관없다."

MZ세대에게 번아웃은 익숙한 단어가 됐다. 글로벌 회계 컨설팅 기업인 '딜로이트 글로벌Deloitte Global'이 2022년 진행한 설문 조사에 따르면, 무려 MZ세대의 45퍼센트 이상이 높은 업무 강도와 업무량으로 인해 번아웃을 경험하고 있다고 답했다. 게다가 MZ세대의 40퍼센트 이상은 자신의 직장 동료들이 최근 번아웃으로 퇴사했다고 밝혔다. 지난 2년 내 이직 경험이 있는 MZ세대는 퇴사의 주요 원인 중 하나로 번아웃을 지목했다.[1]

2018년 4월 출간된 책《하마터면 열심히 살 뻔했다》는 무려 30만 부 이상의 판매량을 기록하며 MZ세대에게 큰 인기를 끌었다. 저자인 일러스트레이터 하완은 책에서 이렇게 말했다. "열정도 닳는다. 함부로 쓰다 보면 정말 써야 할 때 쓰지 못하게 된다. 언젠가는 열정을 쏟을 일이 찾아올 테고 그때를 위해서 열정을 아껴야 한다. 그러니까 억지로 열정을 가지려 애쓰지 말자."[2] 저자의 말과 유사한 움직임은 사회적 현상으로 자리 잡았다. 무의미한 일에서 행복을 찾는 '무민無mean세대', 작지만 확실한 행복을 추구하는 '소확행小確幸'이라는 신조어도 등장했다. 번아웃에 지친 지금의 MZ세대는 의도적으로 치열하게 살기를 거부하거나 포기하려는 모습을 보인다.

미국 밀레니얼 세대의 번아웃 현상을 다룬 책《요즘 애들》의 저자 앤 헬렌 피터슨Anne Helen Petersen 역시 MZ세대는 좋아하는 일에 열정을 쏟다가도, 계속되는 과로와 열악한 근무 조건으로 인해 번아웃을 겪고 있다고 진단했다. 일부 MZ세대는 번아웃을 피하기 위해 열정은 낮추고, 적당히 일해 보상받는 방식을 선호하기 시작했다.[3] 이러한 움직임은 번아웃 세대가 과도한 경쟁 속에서 피로함을 표하고 그를 이겨내려는 방식으로 읽을 수 있다.

조직 내 동상이몽

번아웃을 겪는 MZ세대만큼 그들과 함께 일하는 기성세대도 힘들기는 마찬가지다. 몇몇 기성세대는 힘들게 입사한 회사를 끝까지 다니지도 않고, 금방 그만두는 MZ세대가 불편하기까지 하다. 기성세대에게 있어 직장 스트레스는 당연한 일이다. 때문에 그들은 MZ세대가 예전만큼의 노력이 부족한 것은 아닌지, 고생 없이 마냥 편하게 자라 맷집이 부족하거나 정신이 나약한 것은 아닌지 의문을 갖기도 한다. 지금의 업무 환경은 매일 밤을 새지도, 주말에 출근을 강요하지도, 저녁마다 회식을 하지도 않는다. 그래서 기성세대는 쉽게 퇴사하는 MZ세대가 도통 이해하기 힘든, 철없는 세대로 보인다.

실제 2021년 신규 직원 열 명 중 세 명은 입사 1년 내에 조기 퇴사한다.[4] 주목할 것은 조직이 생각하는 MZ세대의 조기 퇴사의 원인이다. 기존 구성원이 생각하는 조기 퇴사의 주요 원인은 'MZ세대가 개인의 만족이 훨씬 중요한 세대라서', '이전 세대보다 참을성이 부족해서'였다. 과연 MZ세대는 다른 세대에 비해 이기적이고 참을성이 부족한 걸까? 왜 그들은 번아웃에 더 취약할까?

직원의 퇴사는 기업에게 있어 일종의 손실이다. 직원에게 투자했던 교육 훈련 비용만을 말하는 것이 아니다. 추가 인력을 채용하기 위한 추가 비용이 지속적으로 발생한다. 그렇다면 퇴사로 이어지지 않는 번아웃은 문제가 없을까? 그렇지 않다. 번아웃은 잦은 결근, 병가, 낮은 업무 몰입도의 주요 원인이고, 이는 기업 성과로 직결된다. 사회 여론 조사 기관 '갤럽Gallup'에 따르면, 번아웃을 겪는 사람일수록 이직할 의향이 2.6배 더 높고, 병가를 낼 가능성은 63퍼센트 더 높다.[5]

더 이상 MZ세대는 소수가 아니다. MZ세대는 이미 기업 내 60퍼센트 비중을 차지하고 있으며, 시간이 흐를수록 점차 기업 구성원의 대부분을 차지할 주력 세대다. 때문에 MZ세대의 번아웃은 큰 규모의 퇴직으로 이어질 위험이 다분하다. 사회는 2021년 미국의 대퇴사The Great Resignation 행렬로 이 위협을 목도한 바 있다. 일시적 퇴사 현상에서 나아가 노동과 취직을 거부하는 니트족(NEET·Not in Education, Employment or Training)이 양산되거나, 반노동 운동Anti-work Movement이 일어나는 등 더 큰 사회적 문제로 발전할 가능성도 있다.

코로나19를 기점으로 번아웃 문제를 인식한 몇몇 기업은 문제 해결에 본격적으로 나섰다. 다섯 명 중 네 명의 HR 담당자가 구성원의 웰빙Well-being과 정신 건강이 조직의 최우선 과제라고 밝히기도 했다.[6] 기업의 관심에도 불구하고 아직 MZ세대의 절반 이상은 기업의 노력을 실질적으로 체감하지 못한다.[7] 아직까지 조직과 구성원 사이에 동상이몽이 존재한다는 걸 짐작할 수 있는 부분이다.

세대는 시대를 비추는 거울이다. 세대가 변한 게 아니라 그들을 둘러싼 시대가 변했다는 말이다. MZ세대는 어느 때보다 치열한 경쟁을 거쳐 사회에 첫발을 내딛었다. 그러나 동시에 그들은 고착된 저성장 속에서 노력 대비 충분한 보상을 기대하기 어려운 시대에 살고 있다. MZ세대가 앓는 번아웃은 지금의 시대상을 반영한다. 건강한 미래를 위해 특정 세대를 탓하기보다는 새로운 세대를 주의 깊게 살피는 태도가 필요하다. 조직과 사회가 한발 앞서 변화를 시도해야 한다.

당신도 번아웃입니까

스스로를 불태우다

갑자기 찾아온 무기력; 에너지의 소진

"2년 동안 매일 밤낮없이 나 자신을 채찍질하며 새벽까지 일하며 살았다. 남들은 2~3년 안에 걸쳐서 할 일을 1년 안에 마무리하기도 했다. 퇴근 후에도 시간이 남으면 일을 마저 했다. 휴식 시간, 주말의 여유로운 시간들이 아까웠다. 시간이 허락하는 대로 그 여유 시간을 업무로 꽉꽉 채웠다. 마침내 진행하던 프로젝트의 끝이 보인다. 마무리만 잘하면 되는데 손과 발, 머리가 예전 같이 말을 듣지 않았다. 이게 아닌데…. 갑자기 해왔던 일들이 쳐다보기도 싫고 심지어 이메일 하나 쓰는 것도, 출근하는 것도 힘이 든다. 할 일은 많은데 의욕도 없고 하고 싶지도 않다. 그만두고 싶은 생각뿐. 이러면 안 된다는 생각이 들지만 몸과 마음이 말을 듣지 않는다. 조건이나 환경이 변한 것은 없는데 왜 갑자기 그런 걸까."

혼자 남겨진 신입 사원; 감정의 소진

"고통스러웠던 취업 준비생 시절과 인턴을 거쳐 원하는 회사에 정규직으로 입사했다. 열정이 가득한 신입 사원으로서 뭐

든지 다 잘할 수 있을 것 같았지만 회사 생활은 마음 같지 않았다. 코로나로 인해 본격적으로 원격 근무에 돌입하면서 아무도 나에게 신경을 쓰지 않았다. 마땅한 환영회나, 인사도 없었고, 적절한 일도 부여받지 못한 채 시간이 흘러 버렸다. 몇 개월 후에야 제대로 된 일을 시작했지만 강압적이고 다소 폭력적이기까지 한 상사 앞에서 두려움에 떨었다. 회사를 다니며 점차 말과 웃음을 잃어 갔다. 문제를 호소할 선배도, 동료도 없다. 퇴근 후나 주말에는 침대에 누워 있기만 한다. 출근이 두려워 마땅한 이직 계획도 없이 사표를 냈다."

번아웃은 그야말로 불에 타버린 재처럼 불을 붙여도 더 이상 타오를 수 없는 상황에 도달한 것을 말한다. 번아웃 초반에는 불이 활활 타오르듯 일에 대한 열정으로 가득하지만 점차 에너지와 감정이 소진되어 나중에는 갑자기 아무것도 할 수 없는 무력감과 피로감을 느낀다. 처음에는 업무에 열정적이었던 MZ세대 구성원이 갑자기 피로감을 호소하고 업무 효율과 성과가 현저히 떨어진다면 번아웃을 의심할 수 있다.

짜증과 무관심 사이

2019년 세계보건기구WHO는 번아웃을 '성공적으로 관리되지 않은 만성적 직장 스트레스로 인한 증후군'으로 정의했다. 이러한 정의에서 알 수 있듯, 번아웃은 꾸준한 관리가 없다면 심각한 상황으로 이어지기 쉽다. 방치된 번아웃은 우울증, 공황장애, 두통, 복통 등의 건강 문제를 가져올 뿐 아니라 심한 경우 과로사, 자살로 번지는 경우도 있다.

과도한 업무량과 높은 업무 강도에 의해 감정적으로 소진Exhaustion된 개인은 업무에서 심리적 거리감Depersonalization과 냉소적 감정Cynicism을 느낀다. 회사에서 일어나는 일에 거리를 두고 관심을 끄게 되는 것이다. 일의 중요성을 느끼지 못하게 되면서 기존에는 힘을 쏟던 업무를 형식적으로 대하거나 회사에서 만나는 사람들과 접촉을 피하기도 한다. 고객이나 직장 동료를 인격체가 아닌 사무적 대상으로 바라보게 되는데, 이는 업무로 인한 스트레스와 에너지를 줄이기 위함이다. 업무로 인한 소진을 막으려고 만들어 낸 방어적 보호 기제라고 볼 수 있다.[8] 방어적이고 소극적인 업무는 결국 자기 자신의 능력에 대한 불신으로 번지기 쉽다. 번아웃이 생산성과 직결되는 것은 이러한 이유 때문이다.

번아웃을 친숙한 정신 질환인 우울증과 혼동하는 경우도 많다. 둘 모두 행복하지 않은 상태이며 업무 능력 저하를 가져올 수 있지만 그 대상과 양상에서 차이점을 보인다. 번아웃은 일이라는 카테고리, 맡고 있는 특정 업무 또는 역할과 관련이 있으며 주로 우울함보다는 극도의 피로감, 무감각으로 나타난다. 반면 우울증은 업무 이외의 영역인 일상 전반에 걸쳐 만성적인 우울이 나타나고, 삶에 대한 무가치함을 느낀다는 점에서 다르다.[9]

번아웃은 우리가 흔히 말하는 스트레스와도 차이점이 있다. 일반적인 스트레스는 일상생활에서 누구나 겪을 수 있다. 적절한 수준의 스트레스는 잘 대처한다면 삶에 긴장감을 주고 활력이 되기도 한다. 그러나 번아웃은 스트레스가 일정 수준과 기간을 벗어나 과도하게 누적되면서 발생한다. 번아웃을 경험하면 일상적으로 발생하는 스트레스에도 대처 능력이 현저히 떨어지며 감정을 통제하기 어려워진다. 스트레스와 달리 번아웃은 잠깐의 휴식을 가진다고 그 이전의 상태로 쉽게 회복되지 않는다. 보통 심한 번아웃을 겪게 되면 완전히 회복되기까지 최소 수개월에서 수년까지 상당한 시간이 걸린다.

자신이나 주변인이 번아웃을 앓고 있는지 궁금하다면 아래의 체크리스트를 통해 확인할 수 있다. 번아웃 체크리스트는 총 열 개 문항으로, 이 중 세 개 이상 해당한다면 심각한 번아웃에 빠져있음을 의미한다.

번아웃 자가 진단 체크리스트[10]

① 맡은 일을 수행하는 데 정서적으로 지쳐 있다.

② 일을 마치거나 퇴근할 때 완전히 지쳐 있다.

③ 아침에 일어나 출근할 생각만 하면 피곤하다.

④ 일하는 것에 심적 부담과 긴장을 느낀다.

⑤ 업무를 수행할 때 무기력하고 싫증을 느낀다.

⑥ 현재 업무에 관심이 크게 줄었다.

⑦ 맡은 일에 소극적이고 방어적이다.

⑧ 자신의 직무 기여도에 대해 냉소적이다.

⑨ 스트레스를 풀기 위해 음식, 약, 술, 쾌락을 즐긴다.

⑩ 최근 짜증과 불안이 많아지고 여유가 없다.

일에서 멀어지는 과정

번아웃에 대처하기 위해서는 그 양상을 정확히 파악하는 것이 중요하다. 총 네 단계의 과정을 거쳐 개인은 서서히 심각한 번아웃에 빠진다. 번아웃의 네 단계는 열성Enthusiasm, 침체 Stagnation, 좌절Frustration, 무관심Apathy이다. 높은 업무 목표를 설정해 업무에 많은 에너지를 투입했던 개인은 점차 자신의 삶이 업무로 인해 밀려난다는 생각을 갖게 된다. 게다가 보상과 성과에 대한 조직과의 의견 차로 인해 업무에 무관심해지고 직장에 애정을 잃게 된다. 대기업에 입사한 A씨의 이야기를 통해 번아웃의 네 단계 진행 과정을 살펴보자.[11]

번아웃 4단계

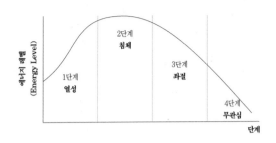

열성; 열정 넘치는 신입 사원

원하는 기업에 취직해 하고 싶던 직무를 맡았다. 매일 출근할 수 있는 회사가 있다는 것에 기쁘고 감사하다. 내가 맡은 일에 대해서는 최선과 최고, 두 마리 토끼를 모두 잡고 싶다. 일을 할 시간이 없다면 잠을 줄이거나 주말을 포기할 수 있다. 특별한 약속이 없다면 직무와 관련된 역량을 키우기 위해 수업을 듣는다. 일은 다른 무엇으로도 대체할 수 없는 인생의 전부다. 이렇게 열심히만 한다면 빠른 승진도 기대해 볼 수 있겠다.

침체; 내가 비워진 삶

업무가 삶에서 차지하는 비중이 커지면서 '워라밸Work-life balance'은 사라진 지 오래다. 가족과 시간을 보내거나, 친구를 만나기도 쉽지 않다. 그만큼 일에 더 집중해 보려 하지만 입사

초기의 열정은 식어 간다. 이제는 일이 아닌 다른 것에 더 관심이 간다. 그동안은 보이지 않았던 회사의 연봉 수준, 근무 시간과 근무 환경 등이 점차 눈에 보인다.

좌절; 적은 보상과 인정

기대했던 성과 평가 결과가 나왔다. 열심히 일했는데도 낮은 연차와 높은 목표치로 인해 실망스러운 결과를 받았다. 나의 적성이 이 직무와는 잘 맞지 않는 것인지, 부족한 것은 무엇이었는지 의문이다. 한편으로는 이전에 느끼지 못했던 회의감도 든다. 노력에 비해 보상이 적고, 이러한 보상과 인정을 받으면서 일해야 하는 이유를 찾기 힘들다. 예전에는 없었던 두통과 복통도 반복적으로 나타난다. 앞으로는 일에 너무 많은 에너지를 쏟지 말아야겠다는 생각이 든다. 더 많은 업무가 몰아치거나 해결하기 어려운 일이 있으면 최대한 피한다.

무관심; 나와는 멀어진 일

일을 계속하면 할수록 불만과 스트레스만 더 쌓인다. 이제는 업무로 인한 스트레스를 줄이기 위해 최소한의 일만 한다. 회사에서 일어나는 일이나 새로운 프로젝트에도 무관심하다. 신경 써봤자 스트레스만 더 심해진다. 몸은 회사에 있어도 하루 종일 퇴사 생각이 가득하다. 마땅히 퇴사하고 갈 곳도 없지만 당장 주어진 업무에서 벗어나고 싶다.

대부분 자신이 번아웃에 빠졌음을 자각하는 순간은 세 번째 단계인 좌절과 네 번째 단계인 무관심이다. 그러나 지나치게 높은 수준의 기대와 열정을 갖고 업무에 임하는 첫 번째 단계인 열성, 그 열정이 식고 업무 외적인 조건들에 집중하기 시작하는 두 번째 단계 침체도 번아웃의 초기 증상이다. 초기 단계를 번아웃이라고 생각지 못하고 회복하기 어려운 후기 단계가 돼서야 번아웃을 자각하게 되는 경우가 많다. 이를 막기 위해 초기 단계부터 자신이 업무로 인해 지나친 부담과 스트레스를 느끼고 있는 것은 아닌지, 지쳐서 업무에 흥미와 보람을 잃어가는 것은 아닌지 살필 필요가 있다.

열정을 먹고 자라는 번아웃

팬데믹 이후 부상한 대퇴사 현상은 MZ세대 사이에 번아웃이 만연하다는 것을 보여 줬다. 그러나 퇴사로 이어지지 않는 번아웃 역시 조직에게는 위험한 신호다. 번아웃에 빠진 구성원은 조직에 대한 애정도가 낮아진 상태이기 때문에 다른 구성원과 갈등을 빚기 쉽고 조직 전체의 의지를 불식시키기도 쉽다. 이 경우 타 구성원에게 번아웃을 전염시킬 수 있다.[12] 번아웃을 겪는 이는 하루하루를 살아남는 것에 집중한다. 먼 미래를 위한 발전과 성장 의지, 거시적 목표 달성에 대한 관심도는 자연스레 낮아진다. 조직 내에 번아웃을 겪는 구성원이 많아지는 것은 단기적 성과 하락이나 경제적 손실에만 그치지 않는다. 조직 전체의 장기적 비전을 무너트리기도 쉽다는 것이다.

번아웃은 개인과 조직을 넘어 사회적 문제로도 쉽게 번진다. 우울증, 과로사와 같은 공중 보건 문제와 안티워크 운동 등의 거시적 움직임도 이에 해당한다. 개인은 조직을 구성하고, 조직은 사회 전체의 구조를 구성한다. 지금의 사회는 번아웃을 개인적 증상이나 특정 조직의 현상으로 축소시키기보다, 구조적 문제로 접근해야만 한다.

그렇다면 어떤 특성을 가진 이들이 번아웃에 취약할까? 번아웃의 희생양은 업무에 열중하지 않거나, 업무적 성과를 내지 못하는 저성과 직원들이 아니다. 업무를 위해 자발적으로 야근을 감수하거나 오랫동안 일하는 직원, 주도적으로 업무를 맡는 직원이나 높은 성과를 보인 직원이 희생양이 되기 쉽다. 업무적 성과를 낸 직원들은 더 높아진 조직의 기대에 부응하고자 이전보다 더 많이, 더 열심히 일하려고 한다. 그 과정에서 자신도 모르는 새에 번아웃에 빠지는 경우가 많다.

예일대학교 감성 지능 센터 Yale Center for Emotional Intelligence 연구팀이 직장인 약 1000명을 대상으로 조사한 결과, 업무 몰입도가 낮은 집단보다 높은 집단에서 더 높은 비율로 번아웃을 경험했다. 몰입도가 높은 집단의 경우 업무에 대한 열정과 함께 스트레스, 좌절감, 불안감이 동시에 나타났고, 다섯 명 중 한 명이 번아웃 위험군에 속했다. 이직에 대한 고려와 생각도 높았다.[13]

2021년, 글로벌 인사 컨설팅 기업 'DDI'가 핵심 인재 High-Potential Employees 1000명을 대상으로 조사한 결과, 무려 86퍼센트가 번아웃 위험에 처해 있었다.[14] 기업의 핵심 인재인 고성과자들이 번아웃에 취약한 것은 사실 당연한 일이다. 이들이 다른 사람들보다도 더 성취 지향적이고 일에도 열정적인 태도를 갖고 있기 때문이다. 그러나 그러한 개인적인 특성만이 번아웃을 전부 설명하지는 않는다. 조직 역시 고성과자를 번아웃의 지대로 몰아넣고 있다.

'하버드비즈니스리뷰Harvard Business Review'는 전략 매니지먼트 컨설팅 펌에서 근무하는 리사Lisa의 말을 빌려 고성과자가 번아웃에 빠지는 과정을 설명했다. 고성과자는 다른 구성원들에게 모범이 되기 때문에 다른 구성원을 지원하고 도와야 하는 경우가 많다. 그렇게 고성과자는 점차 다른 구성원보다 더 많은 업무를 짊어지거나 더 어려운 업무를 맡게 된다. 이런 상황에서 조직의 기대는 점차 커진다. 업무 성공의 기준도 더욱 높아진다. 고성과자는 대개 업무에 대한 열정이 많기 때문에 회사의 기준과 자신의 상황을 조율하기보다는 회사의 요구에 자신의 삶을 맞추는 선택을 한다. 결국 고성과자는 감당할 수 없을 정도의 업무 강도에 시달리게 되며, 번아웃에 빠진다.[15]

고성과자는 기업의 환경에 적응하는 능력이 뛰어나다. 어떤 상황에서도 유연하게 일할 수 있다는 뜻이다. 이러한 특성 때문에 오히려 적응력이 높은 이들은 부정적인 업무 환경을 버티지 못하고 조직을 떠나는 경향이 있다. 실제로 쉽게 적응하는 구성원은 조직 내에서 일어나는 부정적이거나 부조리한 일을 목격했을 때, 그렇지 않은 이들보다 60퍼센트 높은 이직 의도를 보였다. 고성과자는 다른 이들보다 더 높은 수준의 자신감을 갖고 있기 때문에 부정적인 조직의 환경에 더 큰 좌절감을 느낀다.[16] 불합리한 제도, 부정적 조직 문화와 같은 구조적 문제를 방치하고 개인의 몫으로 남겨둔다면 결국 뛰어난 역량을 가진 인재를 놓치게 된다.

또한 MZ세대가 조직적으로 앓는 번아웃은 행동주의로 확산할 가능성이 높다. 세대적 특성이 달라지며 직업관과 가치관 역시 이전과 달라졌다. MZ세대에게 평생직장의 개념은 사라졌고, 부당한 대우와 불공정한 제도는 개선해야 할 대상인 것이다. 이들에게 특히 중요한 것은 '공정성'이라는 가치다. MZ세대는 어릴 때부터 경쟁과 그 과정을 평가하는 시험 등의 제도를 거치며 평가 체계가 객관적이고 납득 가능한지를 따졌다. 행여 기준이 합리적이지 않다고 느낀다면 과감하게 이의를 제기했다. 많은 고등학교와 대학교는 성적을 최종으로 확정하기 전 공식적인 성적 이의 제기 기간을 운영하고 있다. 이런 배경 아래에서 성장한 MZ세대는 입사 후에도 조직의 평가와 보상을 신중하게 받아들였다.

2021년 초 발생했던 'SK하이닉스'의 성과급 논란은 입사 4년 차인 MZ세대 A씨로부터 시작됐다. A씨는 회사 CEO를 포함한 모든 임직원을 대상으로 이메일을 보내 경쟁사 대비 낮은 성과급에 대해 공개적으로 불만을 제기했다. 이어 회사에게 성과급 지급 기준과 경쟁사 대비 성과급이 적은 이유에 대한 설명을 요구했다. 직장인 익명 커뮤니티 플랫폼인 '블라인드Blind'와 SNS는 하이닉스의 논란을 활발히 퍼트렸다. 다양한 플랫폼에서 연봉, 복지, 조직 문화 등에 대한 정보가 공유됐기 때문이다. 해당 사건을 시작으로 대기업과 IT 업계는 임금 수준을 대폭 인상했고, 성과급 지급 기준을 재검토하는 움직임이 나타났다.

MZ세대는 부조리하고 불공정한 문제를 혼자 감내하기보다는 적극적으로 연대해 문제를 가시화하고 해결책을 제시하려 한다. 대표적인 사례가 2021년 있었던 성과급 논란 이후 결성된 MZ세대 중심의 사무직 노조다. 이들은 평가 보상 체계의 투명성과 공정성을 요구하며 MZ세대의 목소리를 적극적으로 담았다. '현대자동차', 'LG전자', '카카오뱅크', '금호타이어'를 비롯한 기업 곳곳에서 MZ세대를 중심으로 하는 사무직 노조가 결성됐다. 적극적인 행동에도 불구하고 문제의 개선 여지가 보이지 않거나, 현재의 조직이 자신의 발전과 성장에 도움이 되지 않는다는 생각이 들면 MZ세대는 다른 기업으로 쉽게 떠난다.

2

MZ세대, 조기 번아웃의
위험에 빠지다

끝이 보이지 않는 경쟁

본래 번아웃은 40대 이하 직장인이라면 열 명 중 네 명이 경험하는 보편적인 현상이었다. 그러나 지금은 번아웃을 경험하는 연령이 점차 낮아지고 있는 상황이다. 20~30대가 번아웃 현상의 중심을 꿰차고 있다. 시장 조사 기관 '트렌드모니터'가 주관한 번아웃 증후군 설문 조사 결과에 따르면, 2015년 대비[17] 2020년에 번아웃 경험 비율에 있어서 20~30대는 증가한 반면, 40~50대는 감소했다. 특히 30대는 2015년 42퍼센트에서 2020년 50퍼센트로 8퍼센트포인트 증가하면서 번아웃 경험 비율이 가장 큰 폭으로 늘었다.[18] 이러한 흐름은 재직 연차에서도 살펴볼 수 있다. 2021년 인크루트 설문 조사에 따르면, 5~10년 차의 직장인이 가장 많이 번아웃을 겪고 있었다.[19] 심각한 경우 고등학생에게서도 번아웃이 관찰된다. 왜 이런 흐름이 빚어졌을까? 이들이 성장한 시대는 어떤 모습이었을까?

2007년 교육 방송 EBS는 〈대한민국에서 초딩으로 산다는 것〉이라는 이름의 짧은 다큐멘터리를 제작했다. 다큐멘터리에 따르면 초등학생은 평균 세 개 이상의 사교육 기관에서 하루 2시간 37분 동안 공부한다. 학업에 대한 압박 속에서 무려 27퍼센트의 초등학생이 성적 스트레스로 인해 자살 충동을 느낀다고 답할 정도였다. 하루 다섯 시간 이상 사교육을 받는 학생의 39퍼센트는 학업 스트레스로 인해 이유 없이 아플 때가 많다고 덧붙였다.[20] MZ세대는 어린 시절부터 학업에 대한 스트레스를 받으며 우울, 짜증, 긴장, 걱정 등의 부정적인 심리적 경험을 해왔다. 학업 스트레스가 심각해지면 공부로 인해 완전히 지쳐 아무것도 할 수 없는 상태인 학업 번아웃으로 이어지기도 한다.

지난한 입시 경쟁 레이스를 뚫고 원하는 대학교에 들어가더라도 경쟁과 성적에 대한 스트레스는 계속된다. 대학교는 노는 공간이라는 인식은 옛말이 된 지 오래다. 많은 대학생들은 또다시 취직이라는 목표를 위해 다양한 압박에 놓인다. 몇몇은 남들에게 뒤처지지 않기 위해 도움이 될 만한 사람을 선택적으로 만나는가 하면, 스펙으로 활용할 수 있는 활동만 시작하기도 한다. 대학 시절에도 본인이 하고 싶었던 활동은 뒷전으로 밀린다.

대기업과 공기업에 입사하기 위해서는 직무 관련 자격증, 어학 시험 성적, 해외 연수 경험, 봉사 활동 경력, 인턴 경력 등의 스펙을 쌓아야 한다. 자체적인 시험을 운영하는 기업도 있기 때문에 취업을 위해 준비해야 할 것은 더욱 늘어난 실정이다. 2022년 상반기 대기업에 입사한 신입 사원의 평균 스펙은 학점 4.5점 만점에 3.7점, 토익은 990점 만점에 846점이었다. 한 개 이상의 자격증을 보유한 비율은 72퍼센트였으며, 공모전 수상 경력을 가진 비율은 43퍼센트, 인턴 경력이 있는 비율은 38퍼센트였다. 전년 대비 자격증 보유 비율은 9 퍼센트포인트, 인턴 경력자 비율은 5퍼센트포인트 증가했다.[21]

문과는 상황이 더 심각하다. 문과 취업 준비생을 중심으로 점차 스펙이 상향 평준화되고 있다. 만점에 가까운 토익 점수, 최고 수준의 영어 말하기는 기본이다. 이외에도 직무 관련 자격증, 인턴 경험, 공모전 수상 경력, 학회 발표 이력까지 갖춰도 서류에서 탈락하는 경우가 많다. 취직 관련 정보를 전하는 한 유튜브 채널 '토게토게'에서 소개된 B씨는 대기업 인사 직무에 합격하기까지 쌓아 온 스펙을 공개했다. B씨는 900점대의 토익 점수와 영어 회화 자격증, 중국어 능력 자격증, 컴퓨터 활용 능력 자격증, 유통관리사 자격증까지 수많은 자격증을 갖고 있었다. 이에 더해 높은 학점과 학술, 광고 동아리 및 학생회 경험, 인턴 경력과 북미권 어학연수 이력도 갖고 있었다. 화려한 스펙에도 불구하고 서류를 통과하는 것부터 쉽지 않았다. B씨는 2018년 하반기부터 취업에 도전해 2019년 하반기가 돼서야 합격을 거머쥐었다.

과거 세대의 취업 스펙과 비교해보면 지금의 취업 경쟁이 얼마나 심해졌는지 알 수 있다. 다음은 서울대학교 독어독문학과 졸업생 둘의 스펙을 비교한 것이다.[22] 1992년 졸업한

서울대학교 독어독문학과 졸업생 취업 스펙 비교

1992년 졸업 이OO		2014년 졸업 김OO
2.70	학점	3.64
X	어학 점수	토익 965 토익스피킹 레벨 7
운전면허증 1종 보통	자격증	한국사능력시험 1급 한자능력시험 2급 MOS 마스터 컴퓨터활용능력 1급
X	기타 경력	독일 교환 학생 6개월 교육 봉사 100시간
입사 추천으로 대기업 건설사 합격		대기업, 공기업 등 23곳 지원해 모두 불합격

* 《중앙일보》, 2016.

이 모 씨는 서울대학교 졸업장만 있어도 대기업 건설사에 쉽게 취업할 수 있었다. 이 모 씨는 취업을 준비하는 도중 세 개의 대기업 입사 추천서를 받았으며, 그중에서 한 곳을 골라 취직했다. 30년이 지난 지금, 취업 시장에서 이 모 씨와 같은 스펙으로 비슷한 기업에 합격하는 것은 불가능한 일이 됐다.

구인구직 플랫폼 '사람인'이 조사한 결과, 2020년 하반기 기준 평균 신입 사원 경쟁률은 36대 1로, 2019년 20대 1 대비 약 두 배 증가했다.[23] 1994년 하반기 삼성, 현대, LG 등

주요 대기업 공채 경쟁률이 6~7대 1이었던 것에 비하면 무려 여섯 배 높은 수치다. 2022년 8월 금융사에 취업한 C씨는 언론사 인터뷰에서 "취업까지 입사 지원서를 총 50개에서 100개 쓰는 것은 보통"이라고 말하기도 했다.[24]

예전에는 인턴 한 번으로도 충분한 입사 스펙이었지만 이젠 그 역시 쉽지 않다. '금턴(金과 intern의 합성어)'이라는 말이 있을 정도로 인턴에 합격하기 위해서는 또 다른 자격과 경력이 필요한 시대다. 어렵게 채용 전환 인턴에 합격하더라도 끝이 아니다. 평가 기간 이후 채용 전환에서 탈락할 수 있기 때문에 짧게는 몇 주, 길게는 몇 개월간의 인턴 기간 동안에도 이들은 극도의 긴장감과 피로감을 느낀다. 새로운 곳에 지원해야 한다는 초조함 역시 경험한다. 전환을 위해 언제나 열심히 하는 모습을 보여야 하며 성과에 대한 압박에 시달린다.

한편 취업 준비는 자기 자신을 끊임없이 의심하는 과정이다. 취업을 위해 많은 기업에 문을 두드리는 만큼 탈락의 고배도 많이 마시게 되기 때문이다. 탈락 소식을 반복적으로 접한 이들은 자기 자신의 능력과 적성에 의문을 품고 지쳐간다. 매일 자신의 이력서와 자기소개서를 업데이트하면서 느끼는 압력과 스트레스도 작지 않다. 2021년 직장인을 대상으로 진행한 설문 조사에 따르면, 20~30대 직장인 85퍼센트는 취업난으로 인해 구직 활동을 단념하고 훈련과 교육도 받지 않는 니트족으로 지낸 경험이 있다고 밝혔다.[25] 취업난은 많은 MZ 세대에게 사회생활 이전부터 삶을 힘겹게 만드는 요소다.

풍요로움 이면의 그림자

지금은 한국 역사상 그 어느 때보다 풍요로운 시기다. 2021 년, 유엔무역개발회의UNCTAD는 한국을 선진국으로 분류했으며, 경제 규모 또한 2021년 국내총생산GDP 기준 세계 10위 수준이다. 2021년도 경제협력개발기구OECD가 발표한 자료에 따르면 물가 수준을 고려한 한국 1인당 평균 연봉은 2015 년에 이미 일본을 추월했다. 2021년 한국의 평균 연봉은 4만 2747달러로 일본보다 약 8퍼센트 높은 수준이다.[26]

경제적 어려움으로 인해 하고 싶었던 것들을 할 수 없었던 예전과 달리, 이제는 원한다면 적은 비용으로도 배우고 싶은 걸 배우고 하고 싶은 걸 즐길 수 있는 시대다. 그러나 경제적 풍요 이면에는 정체된 성장이라는 그림자가 있다.

물론 과거 대비 한국이 비약적인 경제 발전을 이룬 것은 사실이지만, 초고속 경제 성장기는 끝났다. 지금은 저성장이 고착된, 성장 정체기다. MZ세대가 사회에 진입하는 시기는 이미 고령화와 정년 연장으로 인한 인력 적체가 심화된 상태다. 게다가 구성원끼리 나눌 수 있는 보상의 총량 자체도 줄었다. 제한된 보상의 파이Pie로 인해 노력한 만큼 파격적인 보상을 받거나 빠르게 승진할 수 없기에 MZ세대는 공정한 평가와 보상에 민감하게 반응한다.

> "입사해서 남들보다 훨씬 열심히 일했다고 생각했는데, 성과평가와 보상은 일의 성과나 능력이 아닌 연공서열에 따라 주는 것 같다. 실망스럽기 그지없다. 딱히 선배라고 나보다 일을 더 많이 하는 것 같지도 않다. 내가 일을 다 하는 것 같은데 왜 나는 이런 평가를 받아야 하는가?"

연공서열적 특성이 강한 한국 연봉 구조로 인해 성과보다 연차와 경력이 중시되는 경우가 많다. 한국경영자총협회의 자료에 따르면, 한국에서는 근속 1년 미만 근로자 대비 근속 30년 이상 근로자의 임금이 약 2.95배 높다. 이는 일본과 유럽연합EU이 각각 2.27배, 1.65배인 것에 비해 높은 수준이다.[27] 능력주의에 익숙한 MZ세대는 이러한 보상 체계를 부조리하다고 느낀다.

> "이렇게 가다간 10년 동안 부가 가치가 낮은 업무만 진행할 것 같다. 소위 '따까리 역할'만 하다가 가는 거다. 예전 같으면 젊을 때 팀장도 하고 임원도 했다고 하는데, 우리에겐 그런 기회도 없을뿐더러 과거만큼 임원이 되려고 하는 사람들도 많

지 않다."

보상 체계에 대한 믿음이 사라지면서 일부 MZ세대는 딱히 팀장이나 임원 자리를 바라지 않기도 한다. 2021년 구직 플랫폼 사람인이 진행한 조사 결과, 절반에 해당하는 약 47퍼센트의 직장인이 승진에 관심이 없다고 답했다. 그 이유로는 평생직장의 개념이 희미해졌다는 점(52퍼센트)과 승진이 매력적인 요소가 아니라는 이유(46퍼센트)가 주요했다.[28] 높은 직급에 오르면 부담감과 책임감은 느는 반면 월급은 역할 대비 크게 오르지 않는다고 생각하는 것이다. 전통적으로 승진은 직장인에게 성공의 절대적 기준이었다. 가치관의 변화에 따라 지금의 젊은 세대는 승진보다는 자아실현과 워라밸, 자기 계발을 추구하는 경향을 보인다. 정체된 성장이라는 배경으로 인해 과거와는 성공에 대한 기준이 달라졌다.

비교가 익숙한 세대

직장인 익명 커뮤니티 플랫폼인 블라인드는 2021년 기준 한국과 미국을 통틀어 가입자 수 500만 명을 넘겼다.[29] 태어나자마자 인터넷을 접한 '디지털 네이티브Digital Native'인 MZ세대에게 소셜 네트워크 서비스와 커뮤니티 플랫폼은 익숙한 장치다. 이들은 직장인이 돼서도 온라인 서비스를 통해 직장의 정보를 활발하게 주고받는다. 그 과정에서 MZ세대는 연봉과 복지, 조직 문화를 비교하며 상대적 박탈감을 느끼기도 한다. 과거에도 비교는 있었다. 그러나 과거의 비교가 직장 내에만 머물렀다면, SNS 이후의 시대의 비교는 직장 간의 비교로 확장했다. 동아일보가 틸리언 프로와 함께 진행한 설문 조사에 따르면 20대가 번아웃을 느끼는 가장 큰 원인은 남들과의 비교였다.[30]

"처음에는 일하는 게 재미있었다. 다른 동기들보다 성과도 좋았다. 그러다 보니 시간이 지날수록 나 자신에게 기대하는 수준이 점점 높아졌고, 상사도 내게 기대하는 수준이 높아졌다. 완벽하게 해내야 한다는 생각에 평일 저녁에도, 주말에도 업무를 놓지 못했다. 업무에 대한 걱정으로 잠을 이루지 못한 적도 많았다. 어느 순간 숨이 막혔다. 계속해 높은 성과를 내지 못할 것이라는 생각에 결국 사표를 냈다."

이러한 비교 문화 때문일까? 비현실적인 기준을 본인에게 제시하는, 이른바 완벽주의 성향도 MZ세대 사이에서 확산하고 있다. 심리학자 토마스 커런Thomas Curran과 앤드류 힐Andrew Hill의 연구에 따르면 오늘날의 밀레니얼 세대는 기존 세대에 비해 완벽해야 한다는 인식이 강했다.[31] 이들은 자신의 실패나 실수를 용납하지 않으며, 완벽하게 수행하지 못할 것 같다고 생각하는 경우 아예 일을 시작하지 않았다. 완벽주의 성향을 가진 이들은 만성적인 불안과 스트레스, 성공에 대한 강박에 시달린다. 번아웃에 대한 위험 역시 자연스레 커진다.

자산 양극화로 인한 상대적 박탈감도 MZ세대가 일을 대하는 태도에 적잖은 영향을 미쳤다. 팬데믹 시기를 거치며 부동산, 주식, 코인 등의 자산 가격은 급등했고, 부의 대물림 현상도 심화됐다. 다양한 경제적 상황은 MZ세대 내의 자산 격차를 극대화했다. 2020년 통계청 자료 기준 20~30대 상위 20퍼센트 자산은 하위 20퍼센트의 35배에 달했다.[32] 근로 소득으로는 따라잡을 수 없는 출발선의 차이를 보며 MZ세대는 노력해도 성공할 수 없다는 좌절감을 학습했다. 이 좌절감은 결혼과 출산으로부터 MZ세대를 멀어지게 한 원인이기도 했다.

숱한 경쟁과 저성장으로 인한 적은 보상, 남들과의 비교 등으로 인해 MZ세대는 사회 진출과 동시에 번아웃 위험에 처한 전무후무한 세대다. 그들이 성장한 사회·문화적 배경을 이해해 본다면, 지금 MZ세대가 겪는 번아웃은 어쩌면 자연스러운 현상일지 모른다.

MZ세대가 자신을 지키는 법

코로나로 인한 고립과 갑작스러운 실직, 직장 내 갈등 등의 상황은 예측하거나 통제할 수 없는 돌발적 사건이었다. MZ세대는 이러한 상황에 맞서 자신의 지친 마음을 달랠 방법을 찾았다. MZ세대 사이의 새로운 유행으로 떠오른 미라클 모닝이 대표적인 사례다. 미라클 모닝은 아침 일찍 일어나 운동, 독서, 일기, 명상의 규칙적인 루틴routine을 실천하는 것이다. 2022년 11월 기준 미라클 모닝과 관련된 인스타그램 게시물은 150만 개가 넘는다. 2021년 '대학내일20대연구소'가 발표한 바에 따르면, MZ세대의 77퍼센트는 매일 실천하는 자신만의 루틴이 있다고 답했다.[33] 미라클 모닝 실천 과정을 매일 블로그에 업데이트하는 20대 D씨의 이야기를 들어보자.

"매일 아침 5시 30분에 일어나 간단히 세수를 하고 물 한 컵을 마신다. 아직 잠이 덜 깼지만 새벽의 고요한 분위기에 기분이 좋고, 오늘도 하루를 앞서 시작했다는 생각에 뿌듯하기도 하다. 나의 미라클 모닝 루틴은 보통 명상 10분, 독서 10분, 일기 쓰기 10분, 요가 20분으로 구성된다. 아무에게도 방해받지 않고 나 자신에게 집중할 수 있는 시간이 있음에 감사하다. 오늘도 블로그에 새벽 기상 인증 사진과 함께 간단한 후기를 남겨볼까 한다."

D씨는 매일 실천하는 일정한 삶의 루틴을 만듦으로써 자신이 통제할 수 있는 범위를 넓혔다. 예측하고 관리할 수 있는 활동 범위는 개인에게 안정감과 성취감을 준다. 이에 더해 자신의 루틴을 온라인에서 공유하고, 서로의 일상을 격려하고 응원하는 경우도 많다. 혼자만의 실천에 그치지 않고 안정감과 성취감의 범위를 키워가는 것이다. MZ세대는 자기 자신을 지키기 위해 사회와 직장에서 얻기 어려운 통제감을 개인의 삶에서 회복하려 한다.

MZ세대의 번아웃은 구조적 문제다. 그러나 사회는 그들에게 더 많은 노력과 기준을 요구함으로써 번아웃의 책임을 개인에게 돌렸다. 개인이 해결할 수 없는 문제 앞에서 MZ세대는 세상에게 자신의 어려움을 설명하고 이해시키기보다는 많은 것을 포기하고, 자신을 돌보는 방법을 택했다. 그런 지점에서 연애, 결혼, 출산, 인간관계 등을 포기하는 'N포 세대'는 미라클 모닝 열풍과 맞닿아 있다.

MZ세대가 개인 삶의 영역에서 통제감을 찾는 것은 일시적으로 스트레스를 완화하는 데 도움이 될 수 있다. 그러나 개인의 삶을 통제한다고 할지라도 일상의 대부분을 차지하는 직장과 사회에서 계속해서 소진된다면 결과적으로 번아웃은 피하기 어렵다. 번아웃을 유발하는 직장의 환경은 대부분 개인이 바꿀 수 없기 때문이다. 글로벌 컨설팅사 '맥킨지

McKinsey'의 연구에 따르면, 회복 탄력성[34]과 스트레스 대응 스킬만으로는 개인이 부정적 조직 문화의 영향력을 이기기엔 역부족이다.[35] 시드니에 위치한 '직장정신건강센터Center for Workplace Mental Health'의 책임자 다시 그루타다로Darcy Gruttadaro는 "번아웃에 대처해야 하는 책임의 70퍼센트는 조직에 있다"고 말했다.[36] 개인보다 조직이 먼저 번아웃에 대처하는 방안을 고민해야 한다는 뜻이다. 번아웃을 근본적으로 해결하기 위해서는 결국 조직과 사회가 나서야 한다.

조직은 어떻게 번아웃을 키우나

미국 전기 자동차 기업 '테슬라Tesla'의 CEO 일론 머스크Elon Musk는 트위터를 통해 "일하기 쉬운 직장은 많지만, 누구도 일주일에 40시간 일해서는 세상을 바꿀 수 없다."고 말했다. 이어 "세상을 바꾸려면 일주일에 몇 시간 일하면 되느냐?"는 질문에 그는 다음과 같이 답했다. "세상을 바꾸고 싶다면 일주일에 80시간에서 100시간 이상 일해야 한다."[37]

성과 향상과 효율성을 위해 장시간 근로를 장려하고, 과로를 열정과 같은 덕목으로 여기는 조직 문화는 번아웃을 초래하기 쉽다. 이와 같은 문화가 익숙한 조직에서는 번아웃이 일을 열심히 했다는 증거로 소비되기도 한다. 번아웃이 일을 열심히 했다는 증거가 되거나, 과도한 양의 업무를 해내는 것이 능력의 지표가 된다면 조직은 물론 구성원 역시 번아웃에 대해 정확히 이해할 수 없다. 이는 시의적절한 대처를 미루는 큰 원인이 되기도 한다.

미국 실리콘밸리 직원들은 높은 업무 강도와 경쟁적인 조직 문화로 인해 심각한 수준의 번아웃을 호소한다. 이러한 현상은 이내 퇴사로 이어졌다. 미국 언론사 '블룸버그Bloomberg'의 보도에 따르면 '아마존Amazon'의 클라우드 서비스 기업인 '아마존 웹 서비스(AWS·Amazon Web Services)'는 20~50퍼센트의 퇴사율을, '우버Uber'는 20퍼센트의 퇴사율을 보였다.[38]

직원들은 퇴직의 이유로 코로나가 아닌 IT 기업 내 부정적인 조직 문화를 꼽았다. 실리콘밸리 기업은 높은 연봉과 남부럽지 않은 사내 복지로 유명하다. 그럼에도 불구하고 과로를 부추기는 조직 문화는 구성원의 정신 건강을 악화시키고 그들을 회사 밖으로 떠밀었다.

실리콘밸리의 장점으로 회자되는 쾌적한 업무 환경과 최고 수준의 복지도 모두에게 주어지는 것은 아니다. 정규직 직원들은 높은 수준의 복지와 연봉을 누리지만 비정규직, 계약직, 현장에서 근무하는 직원들은 그렇지 않다. 특히 아마존은 공격적이고 열악한 근무 환경으로 악명이 높다. 2018년 미국 언론사 '복스Vox'가 취재한 바에 따르면, 아마존 물류업체의 직원이었던 세스 킹Seth King은 "10시간 동안 서서 창문도 없는 곳에서 일하며 사람들과 대화하는 것도 허용되지 않는다."고 아마존의 근무 환경을 설명했다. 그는 직원들이 너무 지쳐 일을 할 수 없을 때까지 일하며, 이러한 환경에서는 건강한 정신 상태를 유지할 수 없다는 생각이 들었다고 덧붙였다.[39]

중국의 상황도 크게 다르지 않다. 중국 최대 온라인 상거래 기업인 '알리바바阿里巴巴'의 창업자이자 전前 CEO 마윈馬雲은 "주 6일 오전 9시부터 오후 9시까지 일하는 '996 직장 문화'는 큰 축복이다", "알리바바와 함께하기 위해서는 하루 12시간 일할 준비가 되어 있어야 한다."라는 말을 해 많은 사람들의 비난을 사기도 했다.[40] 노동자의 장시간 근로는 과로사로 이어지기 쉽다. 중국의 과로사 비율은 이미 일본, 한국을 넘어 세계 최고 수준이며 그 연령대는 점점 낮아지고 있다. 기업의 입장에서 장시간 근로는 성과 달성을 위한 지름길로 보일 테다. 하지만 개인에게는 생존 여부가 달린 치명적 문제다.[41]

한국의 상황은 어떨까? 2017년, 게임 회사 '넷마블'에서는 '크런치 모드Crunch Mode'로 일하던 20대 개발자가 돌연 사망했다. 크런치 모드는 초장시간 근무를 뜻하는 단어로, 당시 개발자는 첫 주에만 95시간 55분을 일했다. 이러한 형태의 불규칙한 초과 근무는 3개월 동안 이어졌다. 신제품 출시, 마감 기일 등에 맞추어 크런치 모드에 돌입한 조직은 짧게는 몇 주, 길게는 몇 달간 집중적인 야근과 특근을 지속한다. 국내 IT 개발 업계의 관행으로 시작한 크런치 모드는 주52시간 근무제가 도입된 이후에도 횡행하고 있다. 2021년 12월 IT 업계 노동자 2300여 명을 대상으로 조사한 결과, 응답자의 과반인 51퍼센트가 근 1년 내에 크런치 모드를 경험했다고 밝혔다.[42]

최근에는 안정적인 직군으로 여겨졌던 공무원 사이에서도 과도한 업무로 인한 자발적 퇴사가 늘어나고 있다. 공직을 떠나는 대부분은 MZ세대다. 35세 이하 공무원 퇴직자는

2020년 기준 5961명으로 3년 전보다 1580여 명 늘었으며, 5년 이하 재직자가 전체 공무원 퇴직자의 약 21퍼센트를 차지했다.[43] 전직 공무원 20대 여성 E씨에 따르면, 일부 공직 사회에선 일정 직급에 도달하면 실무에 관여하지 않는 문화가 있다. 그러다 보니 상대적으로 낮은 연차인 MZ세대에게 과도하게 일이 몰리게 된다. E씨는 "9급에서 7급까지가 대부분 업무를 하고 6급부터는 안 했다. 개인차가 있겠지만 내가 느끼기로는 급이 오를수록 일을 안 하는 곳"이라고 설명했다.[44]

그렇다면 업무량이 늘거나 업무를 보는 시간이 늘어나는 것이 번아웃의 유일한 원인일까? 실상은 그렇지 않다. 과도한 업무뿐 아니라 의사 결정에 대한 권한이 없는 조직 문화, 자율성이 보장되지 않는 무기력한 업무 환경, 의미를 찾기 힘든 업무나 미흡한 보상 역시 번아웃을 초래하는 주된 원인이다.

글로벌 규모의 선진화와 표준화를 어릴 때부터 경험한 MZ세대는 사회적 움직임과 보편적 가치에 관심이 많다. 그들은 자신의 일과 업무도 개인과 사회에 의미 있는 방향이길 바란다. 자신의 업무와 자신이 속한 조직이 세상에 긍정적인 영향력을 끼친다는 믿음과 기대가 없다면 번아웃에 빠질 위험이 커진다. 하지만 자신이 속한 조직의 영향력을 직접 만들어갈 수 있다는 믿음조차 부족한 것이 현실이다. MZ세대 열 명

중 세 명은 조직 내 하향식 의사 결정으로 인해 자신의 의견
과 피드백이 받아들여지지 않는다고 생각한다.[45] MZ세대는
자아실현과 조직의 변화를 위해 적극적으로 의견을 개진하길
원하지만 조직 문화와 업무 환경은 이들의 지향과는 너무 멀
리 있다. 20대 A씨는 자신이 일하는 공공 기관의 업무 구조를
다음과 같이 표현했다. "대부분의 일이 반드시 원칙에 근거해
진행되고, 자신의 재량을 발휘하기 힘든 구조다. 기껏해야 일
의 순서를 틀리지 않거나 오류가 없도록 효율성을 높이는 노
력 말고는 자율성을 발휘하기 힘든 환경이다."[46]

관계에서 오는 번아웃

조직은 혼자 일하는 곳이 아니다. 때문에 관계의 충돌과 소원
함도 번아웃에 큰 영향을 미친다. 특히 직장 내 리더와의 관계
는 관계로 인한 번아웃의 주요 요인이다. 권위주의적인 리더
는 위계를 두고 일방적으로 소통하거나 구성원에게 정보를
공유하지 않고 그들을 통제한다. 2016년 발간된 〈한국기업의
조직건강도와 기업문화 보고서〉에 따르면 한국 기업의 리더
대부분은 전형적인 권위주의적 리더십에 속하는 것으로 나타
났다. 국내 기업에 임원으로 재직 중인 외국인 T씨에게 한국
의 수직적인 조직 문화는 마치 엄숙한 장례식장과 같은 모습
이었다.

"한국 기업의 임원실은 마치 엄숙한 장례식장 같다. 임원 앞에서 정자세로 서서 불명확하고 불합리한 리더의 업무 지시에 Why도, No도 하지 못하고 고개만 끄덕이는 것을 보고 이해할 수 없는 한국 기업의 업무 방식이 쉽게 개선되지 않겠다는 생각이 들었다."[47]

리더는 명령하고, 구성원은 복종하는 형태의 소통은 업무에 대한 이해도를 낮추고 구성원의 자율적인 업무 방식을 폐기한다. 불명확한 업무 분장과 갑작스러운 업무 지시는 쉽게 야근으로 이어지고 그 사이에서 구성원은 빠르게 지쳐 간다. 자신이 하는 일의 의미와 조직과 리더가 원하는 결과에 대한 소통이 이뤄지지 않으니 구성원의 정신적 소진은 가속화된다.

업무 분담뿐 아니라 평가 방식과 보상 체계 역시 리더와 MZ세대 구성원 간 긴밀한 의사소통이 필요한 분야다. 평가와 보상이 객관적 기준이 아닌 리더의 주관이나 온정주의에 의해 이뤄진다면 구성원은 이를 신뢰할 수 없게 되고 결국 일의 의미를 찾거나 긍정적인 동력을 지속하기 어려워진다.

한편 관계에서 비롯하는 번아웃은 리더에게만 한정되는 개념이 아니다. '독성적 조직 행동Toxic Workplace Behavior'이라 불리는 구성원의 행동 또한 번아웃을 가속화하는 요소다. 독성적 조직 행동이란 직장 내 인간관계에서 나타나는 것으로, 비협조적이거나 다양성을 인정하지 않는 태도, 모욕적인 발언과 폭력적인 행동, 보편적 윤리관에서 벗어나는 행동이 대표적이다. 독성적 조직 행동을 마주한 구성원은 스스로를 가치 없다고 느끼고 조직이 더 이상 안전하지 않다고 느낀다. 독성적 조직 행동을 경험하는 경우, 그렇지 않은 경우보다 번아웃을 호소하는 비율이 7.6배 높았고, 이직 의도도 6.3배 높았다. 독성 조직 문화는 번아웃의 60퍼센트 이상을 설명하는 중요한 원인으로, 심지어는 연봉과 같은 보상보다 퇴사에 열 배 더 큰 영향을 미쳤다.[48]

간호사 조직에서 통용되는 용어인 '태움'과 같은 직장 내 괴롭힘은 대표적인 독성적 조직 행동이다. 태움이란 '재가 될 때까지 태운다'는 의미로 선배 간호사가 욕설, 무시, 비하, 험담, 소문 등으로 신규 간호사를 괴롭히는 것을 의미한다. 주로 태움의 희생자는 조직 내 나이가 어리거나 경력이 짧은 20~30대다. 2013년 연구에 따르면, 간호사 중 직장 내 괴롭힘을 경험한 응답자는 61퍼센트였으며, 58퍼센트는 근무한 지 1년 이내에 괴롭힘을 경험했다고 답했다.[49] 태움 문화로 인해 신규 간호사의 이직률은 2015년 34퍼센트에서 2019년 46퍼센트로 증가했으며, 매년 꾸준히 늘고 있다.[50] 게다가 태움은 단순히 이직으로 끝나지 않는다. 태움 문화의 희생자인

간호사 A씨는 입사 5개월 만인 2018년 2월 극단적 선택을 했다. 2019년 1월, 29살 간호사 B씨도 같은 이유로 스스로 목숨을 끊었다. 독성적 조직 행동은 조직 전체의 발전을 저해할 뿐 아니라 한 개인에게 심각한 트라우마로 남을 수 있다.

다음은 독성적 행동 리스트다.[51] 독성적 조직 문화가 강한 조직에서는 아래의 특성이 심하게 나타난다.

① 상사는 나를 조롱한다.

② 상사는 다른 사람들에게 나에 대한 부정적인 말을 한다.

③ 나는 나에 대한 경멸적인 말을 하는 사람들과 일한다.

④ 나는 나 자신이나 내 아이디어를 비하하는 사람들과 함께 일한다.

⑤ 나는 나를 대화에 끼워 주지 않는 사람들과 일한다.

⑥ 상사는 다른 사람들 앞에서 나를 무시한다.

한편, 직장 내 인간관계의 충돌만큼 소외감과 외로움도 번아웃을 유발하는 주요 원인이다. 코로나 이후에 보편화된 원격 근무는 소외감을 더욱 심화시켰다. 원격 근무는 직장 내에서 인간관계를 형성하는 것을 상대적으로 어렵게 만든다. 게다가 신입 사원 교육과 온보딩 프로그램이 온라인으로 진행된 경우, 정확한 업무 전달과 지시에 어려움이 있었다. 또한 회식과 같은, 타 구성원을 만나 이야기를 나눌 만한 자리가 마련되지 않아 새로운 관계를 형성하기 어렵다는 단점이 있다.

원격 근무가 뉴노멀로 자리 잡으며 몇몇은 MZ세대가 무조건 원격 근무를 선호할 것이라고 오해한다. 그러나 '마이크로소프트Microsoft'가 조사한 결과, 입사한 지 1년이 채 되지 않은 신입 사원의 64퍼센트가 원격 근무로 인해 '다른 구성원과 동떨어진 느낌을 받으며 고군분투하고 있다'고 답했다.[52] MZ세대는 완전한 원격 근무보다 사무실 출근, 혹은 둘을 결합한 하이브리드Hybrid 형태의 근무를 더 선호하는 경향을 보였다.[53] 사회 초년생인 MZ세대는 사무실 근무를 통해 소속감을 느끼고 자연스레 인적 네트워크를 쌓는다. 강력한 네트워크는 직장 내 동료, 선배들과 소통할 수 있는 기반이 돼 업무와 관련된 조언, 혹은 도움을 구할 수 있다.

탕핑족과 조용한 퇴사

번아웃 현상이 심화하며 새로운 사회 현상도 나타났다. 중국의 MZ세대 사이에서 유행하는 '탕핑躺平' 현상이 대표적이다. 탕핑은 '드러눕다'라는 뜻의 단어로, 996 직장 문화에서 의도적으로 벗어나려는 움직임을 이른다. 중국의 탕핑족은 치열한 경쟁을 피하고 쓸데없이 노력하지 않겠다는 태도를 보인다. 996 문화에 맞춰 열심히 일해도 예전만큼의 보상을 기대할 수 없기 때문이다.

　　이와 유사하게 전 세계 MZ세대 사이에서는 '조용한 퇴사Quiet Quitting' 열풍이 불고 있다. 2022년 7월, 미국의 24세 엔지니어 자이드 칸Zaid Kahn이 올린 17초의 짧은 틱톡 영상이 조용한 퇴사 열풍을 불렀다. 조용한 퇴사란 일을 그만두지 않고, 받는 만큼만 일한다는 태도로 최소한의 업무만 수행하는 것을 말한다. 기꺼이 공짜 야근이나 주말 근무를 감수하며 번아웃에 잠기기보다 소극적으로 일하기를 택해 자신의 삶을 보호하는 것이다. 2022년 6월 갤럽이 실시한 조사에 따르면 미국 근로자의 과반 이상은 조용한 퇴사자다.[54] 퇴직하지 않고 회사에 남아 있지만 일에 적극적으로 임하지 않는 지친 MZ세대들이 많아지는 것이 현실이다.

4

**실리콘밸리, 번아웃
해결에 나서다**

번아웃에 대항하는 많은 방법들이 있다. 가장 쉽고 빠르게 실천할 수 있는 것은 개인을 위한 멘탈 케어다. 이에 발 빠른 기업들은 구성원의 번아웃을 해소하고 방지하기 위한 멘탈 케어 프로그램 지원책을 늘리고 있다. '메타Meta'의 CEO 마크 저커버그Mark Zuckerberg는 구성원의 정신적, 신체적 건강을 위한 지원비를 700달러에서 3000달러로 확대했다. 아마존은 2021년, 미국의 모든 직원이 사용할 수 있는 정신 건강 지원 서비스를 개시했고, '구글Google' 또한 무료 심리 상담을 35회까지 지원하기로 결정했다.

대화는 연결의 힘

"입사 후 업무 적응에 어려움을 겪고 있었다. 최근에는 내가 속한 조직이 회사 전체에서 소외당한다는 생각도 들었고, 상사와의 관계도 어려워 회사 생활이 견디기 힘들었다. 비슷한 연차인 동료들이 갑작스레 퇴사하면서 더욱 외로워졌다. 그러던 중 회사에서 심리 상담 비용 지원 프로그램이 있다는 걸 알게 됐다. 매주 상담을 받으며 회사에서 겪는 어려움을 이겨내고 있다. 조금은 힘이 생겼고 마음이 든든하다."

심리적 어려움을 겪는 많은 MZ세대는 멘탈 케어를 위해 심리 전문가의 도움을 받고 싶어 한다. 2021년 대학내일20대연구소가 실시한 설문 조사에 따르면, MZ세대 응답자 중 74퍼센트는 심리 전문가에게 도움을 받고 싶다고 응답했다. 이들 중 43퍼센트는 대면 심리 상담 및 치료를 원했다.[55]

국내 기업의 경우 이러한 니즈를 반영해 직접 사내 상담 프로그램을 운영하기도 했다. SK하이닉스는 2011년부터 '마음산책상담소'를 운영하며 구성원의 스트레스를 관리하는 심리 상담을 진행하고 있다. 전문 상담사가 기업에 상주하는 형태다. '한화시스템'은 임직원뿐 아니라 직계 가족까지 혜택을 확대해 회사가 제공하는 사내 무료 심리 상담 서비스를 연 6회까지 지원하기로 했다. 최근에는 대면 상담을 부담스러워하거나 시간적 여유가 없는 구성원을 위해 비대면 상담 서비스가 확대되고 있다. 'LG화학'은 2021년 비대면 심리 상담 프로그램인 '더the 좋은 마음그린'을 도입했다. 24시간 어느 때나 활용 가능한 모바일 상담을 제공하고, 익명성을 보장받을 수 있는 텍스트 형태의 상담도 가능하다.

기업이 구성원의 멘탈 케어와 정신적 웰빙에 관심을 가지면서 관련 산업 역시 부흥하고 있다. 글로벌 시장 조사 업체인 'CB 인사이츠CB Insights'가 발행한 보고서에 따르면 2021년 전 세계 멘탈 케어 스타트업에 대한 투자는 최대치인 55억 달러를 달성했다.[56] 대부분의 멘탈 케어 스타트업이 투자 초기 단계이기 때문에 시장은 앞으로도 해당 분야가 크게 성장할 것이라 추산하고 있다. 미국 대표 명상 앱으로 유명한 '헤드스페이스Headspace'는 2020년 유료 구독자가 2년 전에 비해 두 배 늘어 200만 명을 넘겼다고 밝히기도 했다.[57]

해외뿐 아니라 국내의 멘탈 케어 스타트업도 급성장 물결을 탔다. 국내 1위 정신 건강 플랫폼 '마인드카페'를 운영하는 '아토머스'는 2022년 2월, 200억 원 이상의 투자를 유치했다. 아토머스는 최근 2년간 연 평균 약 400퍼센트 성장하며 2021년 상반기 매출액 역시 전년 대비 1000퍼센트 이상 증가했다.[58] 현재 아토머스는 130여 개 기업에게 심리 상담 서비스를 제공하고 있다. 아토머스의 김규태 대표는 기업 내의 상담 프로그램이 구성원의 생산성 향상, 정신적 어려움 해결에 효과적이라고 밝혔다. 심리 상담 서비스를 받은 구성원의 업무 생산성은 36퍼센트 증가했고, 업무 시간 손실과 불안 증상은 50퍼센트 줄었다.[59]

물론 누구도 스트레스를 피할 수는 없다. 그러나 같은 스트레스 상황을 경험하더라도 그 상황을 어떻게 해석하는가에 따라 부정적 영향은 줄거나 늘어날 수 있다. 심리 상담은 스트레스에 대한 반응을 통제할 수 있도록 내면의 힘을 길러주는 과정이다. 스트레스에 대한 내성을 높이고 대처 능력을 기른다면 스트레스는 위협적인 것이 아닌, 해결할 수 있는 도

전적 과제로 다가올 것이다.

나의 삶에 집중하기

기업은 심리 상담 지원뿐 아니라 자체적인 명상 프로그램을 진행하기도 한다. 구글, '인텔Intel', '애플Apple', '트위터Twitter' 등의 글로벌 기업은 '마음챙김Mindfulness 명상 프로그램'을 도입해 구성원의 멘탈 케어를 돕는다. 마음챙김 명상은 정신없는 현실을 뒤로 하고 지금, 여기에 집중할 수 있는 힘을 기르는 훈련이다. 마음챙김 명상을 처음으로 표준화한 존 카밧진John Kabat-Zinn 박사의 정의에 따르면 마음챙김은 "판단을 배제한 채 의식적으로 현재의 순간에 주의를 기울이는 것"이다.[60] 마음을 열고 지금 이 순간에 집중해 자각력Awareness을 높이는 마음챙김 명상 프로그램은 특히 스트레스 강도가 높은 실리콘밸리 기업에서 각광받고 있다.

가장 많이 쓰이는 방법은 마음챙김 호흡이다. 먼저, 명상의 목적을 정하고 호흡을 하며 느껴지는 신체적 감각에 주의를 기울인다. 다양한 감정, 느낌, 잡념이 일어나더라도 판단하지 않고 있는 그대로 바라본다. 주의가 흩어지더라도 흩어진 것을 알아차리고 호흡을 통해 다시금 명상의 목적을 상기하며 주의력을 회복한다.[61] 명상은 정서 조절 능력을 키워 스트레스와 압박이 심한 환경에서도 평정심을 유지할 수 있게

끔 한다. 호흡법 이외에도 일상 속에서 쉽게 실천할 수 있는 다양한 명상법이 존재한다. 발이 땅에 닿는 순간의 감각에 온전히 집중하는 마음챙김 걷기 명상, 모든 음식을 맛과 향을 최대한 음미하면서 먹는 '고급 음식 명상Expensive Food Meditation'이 그 사례다.

마음챙김 명상 훈련을 받은 구성원은 직무 스트레스에 더 잘 대응하고 업무에 몰입할 수 있었다. 실제 실험에서도 마음챙김 명상의 효과가 증명된 바 있다. 2주간 마음챙김 명상을 수행한 집단은 그렇지 않은 집단에 비해 유의미하게 높은 직무 만족도를 보였으며 개인의 정신적 소진 역시 줄었다.[62]

구글은 감성 지능Emotional Intelligence을 강화하기 위해 '내면 검색Search Inside Yourself 프로그램'을 운영하고 있다. 감성 지능이 높은 이는 자신의 감정을 이해하고 통제할 수 있어 스트레스를 관리하고 타인을 이해할 수 있다. 내면 검색 프로그램은 그 효과를 인정받아 현재 'SAP', 'UN', '넷플릭스Netflix' 등 다양한 기업에서 활용 중이다. 특히 IT 기업인 SAP는 내면 검색 프로그램을 통해 실질적인 효과를 경험했다. 내면 검색 훈련 이후 구성원의 집중력은 14퍼센트 늘었고 스트레스는 8퍼센트 감소했다. 반면 업무 몰입도와 커뮤니케이션 능력은 7퍼센트 증가했다.[63]

구글의 내면 검색 교육 프로그램은 총 세 단계로 이루

어진다. 1단계는 주의력 훈련, 2단계는 자기 이해와 자기 통제, 마지막 3단계는 유용한 정신 습관 창조다. 일단, 온갖 잡념에서 벗어나 생각을 가다듬고 주의력을 높인다. 차드 멩 탄 Chade-Meng Tan은 자신의 저서 《너의 내면을 검색하라》에서 마음의 주의력을 회복하는 과정을 물 항아리에 비유했다.[64] 침전물이 가득한 물 항아리를 깨끗하게 하려면 항아리를 휘젓지 않고 놔둬야 한다는 것이다. 고요해진 항아리는 얼마 뒤, 모든 침전물이 가라앉아 맑은 물만 걸러낼 수 있다. 명상을 통해 마음 휘젓기를 잠시 중단하고 고요하고 청명한 마음 상태를 회복한다. 이러한 주의력은 운동으로 근육을 단련시키듯 훈련을 통해 더 강해질 수 있다.

명상으로 주의력을 훈련했다면, 다음 단계는 자기 자신의 감정과 상황에 대한 명확한 이해다. 자신의 내면을 고해상도로 바라본다면, 언제 자기 자신이 취약해지고 예민해지는지 알 수 있다. 자신의 내면이 작동하는 메커니즘을 이해한다면 감정을 직접 통제할 수 있고 감정으로부터 거리를 둘 수 있다. '나는 화가 난다'는, 자신과 밀착한 경험에서 '나는 분노를 경험하고 있다'는 식의 객관적 서술이 가능해지는 것이다. 이때 비로소 감정은 자신의 본질이 아닌 생리적 현상이 된다.[65] 이러한 내면 검색 훈련은 궁극적으로 자신뿐 아니라 타인을 더욱 잘 이해할 수 있는 기반을 마련한다. 차드 멩 탄은

"친절은 지속 가능한 행복의 원천이며 이는 인생을 변화시킬 수 있는 단순하지만 심오한 통찰"이라고 말했다.[66]

혼자서 이겨낼 수 있을까

많은 기업들이 심리 상담 지원, 명상 프로그램 이외에도 휴게 실과 운동 시설, 안마 의자 등의 복지를 제공하고 있다. 이와 같은 움직임은 이들이 구성원의 번아웃에 관심을 갖고 있다 는 긍정적 신호로 읽을 수 있다. 그러나 이러한 조치는 개인의 정신적 힘을 기르는 것에 집중한다는 점에서 번아웃의 책임 소재를 개인에게서 찾는 것으로도 읽을 수 있다. 기업이 개인 의 스트레스 대응 능력을 키우는 것에만 집중한다면 조직 내 에서 발생하는 번아웃의 구조적 요인을 과소평가할 가능성이 크다. 그러나 번아웃은 혼자서 이겨낼 수 있는 문제가 아니다. 조직으로 인해 발생한 번아웃을 사후적으로 해결하는 개인적 차원의 움직임은 근본적인 해결책이 될 수 없다.

5

조직이 바뀌어야
번아웃도 바뀐다

MZ세대도 번아웃으로 괴롭지만, 그들과 함께 일하는 리더들도 고민이 많다. 다른 환경과 배경에서 자라온 세대이기에 이해되지 않는 부분도 많고, 그 사이에서 불가피한 갈등이 발생한다. 세대적 차이가 갈등으로 비화하지 않도록 중재하는 책임은 조직 전체에게 지워져 있다. 조직은 다양한 체계를 통해 업무적 차원과 관계적 차원에서 리더와 구성원, 구성원과 구성원 사이를 조정할 수 있다.

일 다시 구성하기

과도한 업무량과 스트레스 방지

과로를 권하는 조직 문화는 번아웃으로 향하는 지름길이다. 조직은 제도적 장치를 통해 과도한 업무량과 스트레스를 관리할 수 있다. 마이크로소프트는 플랫폼 '비바Viva'를 통해 구성원 개인의 업무 강도와 패턴, 흐름을 측정한다. 시간 외 근무 현황과 회의 시간 등의 데이터를 수집하고 분석해 구성원이 구조적인 문제를 겪고 있는지, 번아웃의 위험이 있는지 확인한다.[67]

　　더욱 확실한 과로 예방을 위해 조직은 직접 규칙을 만들 수도 있다. 이를테면 매주 금요일은 회의 없는 날로 지정한다거나 퇴근 시간 이후에는 업무 지시를 금지하는 등의 조치가 있을 수 있다. 이는 조직과 직무에 따라 스트레스를 유발하는 요인을 파악하고 그를 완충하는 공감대를 만드는 과정이다. 미국의 투자 금융 회사 '시티그룹Citigroup'은 원격 근무 이후 구성원들이 비대면 의사소통에 큰 피로를 호소하고 있음을 발견했다. CEO인 제인 프레이저Jane Fraser는 줌 번아웃Zoom Burnout을 해소하고자 2021년 3월부터 매주 금요일을 '줌 없는 날Zoom-free Fridays'로 지정했다. 더 나아가, 제인 프레이저는 구성원들이 업무 시간 이외에는 충분히 쉬며 재충전할 수 있도록 업무 시간 이외에 회의나 전화를 하는 것을 자제하도록 권고했다.[68]

업무 유연성과 자율성 제공

업무를 직접 통제하고 조정하는 업무 통제감은 번아웃을 유의미하게 예방할 수 있는 방법이다. 많은 기업은 유연한 근무 형태를 도입하며 구성원의 업무 통제권을 늘리려 했다. '네이버'는 주 5일 원격 근무, 혹은 주 3일 이상 사무실 근무 중 하나를 자유롭게 선택하는 '커넥티드 워크Connected Work' 제도를 도입했다. '라인플러스'는 시차가 네 시간 이내인 해외 국가에서도 원격 근무를 허용하며 업무 공간의 선택권을 더욱 확대했다. 라인플러스의 직원들은 일본, 대만, 인도네시아, 호주 등에서도 최대 90일간 근무가 가능하다.

업무 시간 차원의 자율성을 제공하는 제도로는 유연 근무제가 대표적이다. IT 기업 'NHN'은 오전 6시부터 오후 10시 사이, 시간적 제약 없이 자유롭게 일하는 '퍼플타임 제도'를 운영 중이다. 정해진 월 업무 시간을 다 채운다면 하루를 쉴 수 있는 '오프데이'도 주어진다.[69] 구글은 '20퍼센트 룰Rule'을 통해 일주일 업무 시간의 20퍼센트를 자신이 원하는 창의적 프로젝트에 사용하는 것을 허용하고 있다. 구성원의 시간적 자율성 아래에서 구글 핵심 사업인 'G메일Gmail', '구글맵스Google Maps', '애드센스AdSense' 등이 탄생했다.

휴가 제도 역시 효과적인 번아웃 예방책이다. 일주일 정도의 짧은 휴가가 아닌 한 달에서 1년 정도의 리프레시 휴가 제도는 구성원의 재충전을 돕는다. 카카오는 3년마다 한 달 동안의 유급 휴가를, 네이버는 3년 근속 시 최대 6개월의 무급 휴가를 제공한다. 회사를 그만두지 않고도 몸과 마음을 돌볼 수 있기에 MZ세대의 반응 역시 긍정적이다. 네이버에 재직 중인 30대 A씨는 "내부에서는 이 제도 때문에 구성원들이 회사에 뼈를 묻는다는 이야기가 나올 정도"라고 말했다.

일에 대한 가치 부여

일에 대한 목적의식이 확실한 사람은 번아웃을 겪을 가능성이 낮아진다.[70] 조직이 업무의 중요성과 가치를 구체적으로 전달하는 것만으로도 번아웃을 예방할 수 있는 것이다. 미국 펜실베니아대학교와튼스쿨Wharton School of the University of Pennsylvania의 조직 심리학 교수 애덤 그랜트Adam Grant는 자신의 저서《기브 앤 테이크Give and Take》에서 한 가지 연구를 소개했다.[71]

해당 연구는 대학 기부금을 모금하는 콜센터 직원들을 대상으로 진행한 실험으로, 직원들에게 직접 학생들의 편지를 읽어 주거나 장학생과의 만남 자리를 주선했다. 단순히 학생들의 편지를 읽거나 학생들을 만났을 뿐인데도 기부금 실적이 다섯 배까지 향상됐다. 직원들은 자신의 일이 학생과 사회에게 어떤 의미인지 직관적으로 깨달을 수 있었고, 이 깨달음은 업무 성과 향상으로 이어졌다. 이처럼 리더의 소통뿐 아니라 구성원이 수행한 업무가 사회와 조직에 어떻게 도움을 주는지 직접 체험할 기회를 주는 방법도 좋다. 이를테면 주요 의사 결정 회의에 참석할 기회를 주거나, 구성원이 직접 업무 수행 결과를 보고하게 할 수 있다.

관계 재건하기

리더의 지지와 소통

불과 20년 전만 해도 상명 하달식의 권위적인 리더십은 조직을 이끄는 당연한 구조였다. 군사 정권 시기를 거쳐 체화된 계

급주의와 권위주의가 작은 조직에도 자리 잡았기 때문이라고 볼 수 있다.[72] 권위적 리더십은 많은 이들을 한 방향으로 일사분란하게 이끌며 업무의 효율성을 높이는 전략이기도 했다. 그러나 이제는 다른 기업을 모방하고 뒤따르는 것만으로는 부족하다. 지금의 기업은 구성원의 다양하고 창의적인 아이디어를 동력 삼아 성장한다. 이에 따라 리더십의 모습도 바뀌어야 한다.

지금 MZ세대에게 필요한 리더는 구성원을 이해하고 지지하는 리더다. 이들은 빠르고 투명하게 소통하며 구성원 개인의 성장과 발전을 위해 적절한 피드백을 제공한다. 리더의 지지는 구성원에게 큰 힘이 되기 때문에 업무에서 겪는 좌절과 실패도 구성원이 쉽게 극복할 수 있도록 하는 동력이 된다. 리더로부터 충분히 지지받는다고 생각하는 구성원은 그렇지 않은 이에 비해 번아웃을 70퍼센트 덜 경험한다.[73] 따라서 리더와 구성원 사이에는 더욱 활발한 소통이 필요하다. 소통은 리더와 구성원이 신뢰와 공감대를 형성하고, 평소의 불만을 파악할 수 있는 단계다.

물론 MZ세대가 원하는 대화는 리더의 일방적인 업무지시나 간섭의 형태가 아니다. 업무 프로세스의 정확한 전달, 업무의 배경과 의미 전달이 업무적 소통의 기본 토대다. 이후 구성원 개인마다 겪고 있는 업무적 어려움이 있는지, 업무량은 적당한지, 어떠한 부분에서 스트레스를 받는지 등을 체크할 수 있다. 통제와 관리의 대상이 아닌 동료로서 구성원을 대한다면 모두에게 만족스러운 대화가 오갈 수 있을 것이다.

번아웃 위험에 처한 구성원은 어떤 모습을 보일까? 아래 제시된 열 가지 번아웃 징후를 바탕으로 파악할 수 있을 것이다.[74]

① 최근 결근이 증가했는가.
② 업무 생산성과 성과가 떨어졌는가.
③ 실수가 더 많아졌는가.
④ 기억하는 데 어려움을 겪는가.
⑤ 업무에 대한 동기, 열정이 떨어졌는가.
⑥ 잘못된 의사 결정을 내리는가.
⑦ 피드백에 과도하게 예민하게 반응하는가.
⑧ 냉소적이고 부정적인 태도가 보이는가.
⑨ 불면으로 인해 피로해 보이는가.
⑩ 조직 문화에 대한 무관심한 태도가 보이는가.

몇몇 리더는 구성원의 잘못을 지적해야만 구성원이 성장할 것이라고 생각한다. 그러나 서로에 대한 믿음이 형성되지 않은 상태에서 쏟아지는 부정적 피드백은 오히려 역효과를 가져올 가능성이 크다. 딜로이트가 발표한 보고서에 따르면, 긍정적 피드백과 부정적 피드백의 이상적인 비율은 6:1이다.[75] 긍정적 피드백보다 부정적 피드백이 더 많을 때 성과가 가장 나빴으며, 부정적 피드백보다 긍정적 피드백이 두 배 많을 때 적당한 수준의 성과를 보였다. 부정적인 내용이나 약점을 중심에 놓기보다 구성원의 강점을 중점적으로 언급한다면 번아웃을 예방하고 업무에 대한 동기를 부여할 수 있을 것이다.

리더는 MZ세대에게 업무 관련 피드백을 보다 구체적이고 투명하게 제공할 필요가 있다. MZ세대는 '피드백 세대'로 불릴 정도로 공정한 보상과 그에 따른 피드백을 중시한다. 따라서 평가 이후에는 결과를 일방적으로 통보하기보다 결과가 나온 과정을 설명하고 그에 따른 피드백을 제공해 불필요한 마찰을 줄일 수 있다.[76] 수시로 제공되는 피드백 역시 MZ세대에게 좋은 동력이 된다. 실제로 Z세대의 65퍼센트 이상은 피드백을 자주 받는 것을 선호하며, 적어도 일주일에 한 번 이상 피드백 받기를 원한다고 답한 바 있다.[77]

소프트웨어 기업 '어도비Adobe'는 평가 공정성에 대한 구성원의 불만을 받아들여 연말에 진행하던 평가 면담 제도를 폐지했다. 대신 실시간 소통과 대화를 통해 성과를 점검하는 '체크인Check-in' 제도를 마련했다. 체크인 제도를 통해 상황에 따라 성과 목표를 유연하게 조절할 수 있었고 덕분에 구성원의 성과 역시 정확하게 파악할 수 있었다. 구성원이 필요로 하는 시점에 적절한 조언을 하기에도 유리했다. 체크인 제도 도입 후 어도비의 퇴사자는 30퍼센트 감소했다.[78]

독성적 조직 행동 막기

갤럽이 주관한 연구에 따르면 번아웃을 초래하는 모든 요인은 직속 리더와 직간접적으로 연관돼 있었다.[79] 리더십 스타일은 MZ세대 구성원에게 적잖은 영향을 미치기 때문에 성과만으로 리더를 선임하는 것은 실패할 가능성이 크다. 충분한 시간을 두고 리더십 스타일을 검증하는 것이 필요하다. 리더를 선임한 이후에도 다양한 독성적 행동 제재 방안을 도입할 수 있다. 실제로 구글은 리더 자신이 본인의 리더십 스타일을 돌아보고 발전할 수 있도록 반기마다 리더 상향 평가를 실시하고 있다. 상향 평가 결과와 피드백을 통해 구성원과 소통하는 리더는 향후 평가 점수가 개선되는 경향을 보였다.

　지속적인 독성적 행동으로 동료에게 부정적인 영향을 미치는 리더와 구성원에게는 무관용 원칙Zero Tolerance을 적용할 수 있다. 직장 내 괴롭힘, 따돌림 등의 문제가 발생한 경우 사실 관계 확인 후 보직을 면하거나 징계하는 등의 불이익을 부과할 수 있다.

인적 네트워크를 통한 소속감 강화

리더와 동료는 번아웃의 요인이 될 수도 있지만, 한편으로는 번아웃을 예방하는 안전장치가 될 수도 있다. 서울대학교 정신건강의학과의 윤대현 교수는 마음이 건강하기 위해서는 '사회적 연결'이 중요하다고 언급했다. 직장 내 구성원 중 마음을 터놓고 연결할 수 있는 동료가 있다면 번아웃은 충분히 예방할 수 있다.[80]

그렇다면 조직의 인적 네트워크를 강화하고 확대하기 위해 어떤 방법을 활용할 수 있을까? 익숙한 개념인 멘토링 역시 좋은 방법이다. 멘토와 멘티는 서로의 어려움을 공유하고 조언을 구할 수 있다. 구글은 더욱 적극적인 동료 연결을 제도화하고 있다. 2016년 시작된 구글의 정신 건강 지원 제도인 '블루 닷 프로그램Blue Dot Program'은 누구나 편하게 동료와 어려움을 나눌 수 있는 제도다. '블루 닷'이라고 불리는 파란 스티커를 붙인 구성원은 정신 건강 지원 훈련을 거쳐 인증받은 사람이다. 이들은 동료의 심리적 어려움을 듣고 함께 고민한다.[81] 글로벌 소프트웨어 기업 'IBM'에서도 이와 유사하게 '정신 건강 동맹Mental Health Ally' 프로그램을 운영하고 있다. 프로그램이 제공하는 훈련을 마친 사람들은 공인된 배지를 받아 조직 내에서 활동한다. 동료 간의 네트워크를 위한 다양한 제도는 동료의 스트레스를 파악하고 서로에 대한 공감과 지

지를 강화한다.[82]

해결을 위한 기반

그러나 구성원이 번아웃 예방을 위한 제도를 이용하지 않으면 아무리 좋은 제도도 쓸모를 잃는다. 따라서 실질적인 방안을 계획하기 이전 근본적인 인식 변화와 문제 점검이 선행돼야 한다.

편견 넘어서기

캐나다 소프트웨어 기업 '비지어Visier'가 발표한 2021년 번아웃 보고서에 따르면, 응답자의 37퍼센트는 조직 내에서 번아웃을 앓고 있다고 이야기하기 어렵다고 답했다. 번아웃이 자신의 무능력을 드러내는 것처럼 보일 것을 걱정하기 때문이었다.[83] 게다가 대부분의 MZ세대는 사회 초년생이기 때문에 번아웃을 겪는다는 이유로 업무 조정, 휴직, 직무 이동 등을 요구하기 어려운 위치에 놓여있다.

SAP는 2020년부터 '당신은 괜찮나요?Are you OK?'라는 이름의 정신 건강 캠페인을 시작했다. 캠페인 기간 동안 다양한 강연이 제공된다. 구성원들은 강연을 통해 스트레스를 관리하는 방법, 회복 탄력성을 높이는 방법, 명상 프로그램 등을 배울 수 있다. 이러한 선제적 조치는 편견으로 인해 정신 건강 서비스에 쉽게 접근하지 못하는 구성원에게 효과적이다. 조직 차원에서 편견을 없애기 위해 리더에게 정신 건강 서비스에 대한 교육을 진행하는 것도 하나의 방법이다. 전문가들은 리더가 먼저 나서서 정신적 어려움을 겪었던 경험을 공유하는 걸 추천한다. 이를 통해 구성원은 자신의 어려움이 보편적인 경험이라는 심리적 안정감을 찾을 수 있다.[84] 정신 건강을 돌보는 일은 아직 사회적으로 낯선 개념이다. 다양한 편견과 장벽으로 인해 많은 이들이 회복이 가능한 시기를 놓쳐 더 큰 어려움에 빠진다. SAP의 캠페인은 이러한 악순환의 고리를 끊기 위한 조직의 노력으로 읽을 수 있다.

서베이로 해결책 발견하기

실질적인 해결 방법을 설립하기 이전, 기업마다 존재하는 번아웃의 원인을 제대로 파악하고, 그에 적합한 해결책을 모색하는 사전 단계가 중요하다. 각 조직에 맞는 해결책을 고안하기 위해, 주기적으로 구성원의 니즈와 어려움을 파악하는 '펄스 서베이Pulse Survey'를 실행할 수 있다. 펄스 서베이는 일 년에 한 번 실행하는 정기 서베이와 달리 일주일, 혹은 한 달 주기로 진행된다. 주기가 짧기 때문에 실시간으로 구성원의 상태 변화를 파악하기 용이하다.

　　펄스 서베이를 유용하게 활용한 스포츠 브랜드 '아디다

스^{Adidas}'의 사례를 참고할 수 있다. 아디다스는 일곱 개 문항으로 구성된 짧은 서베이를 매달 실행했다. 첫 부분의 공통 질문으로 "이 회사를 다른 사람에게 얼마나 추천하고 싶은가"라는 질문이 주어져 전반적인 만족도를 측정한다. 조직별로 구성된 문항을 만들어 시기와 상황에 맞는 만족도를 측정하기도 한다. 이외에도 주관식 문항을 활용해 미처 기업이 파악하지 못한 이슈까지 확인할 수 있었다.[85]

다수의 구성원이 호소하는 번아웃은 조직의 변화가 필요하다는 강력한 신호다. 이 신호를 민감하게 살피고 해결해야만 긍정적이고 생산적인 체질의 조직을 만들 수 있다. 따라서 조직은 적극적으로 긍정적인 직원 경험Employee Experience을 구성할 필요가 있다.

미국의 심리학자 프레더릭 허즈버그Frederick Herzberg는 건강한 조직 문화의 요건을 동기-위생 이론Motivaion-Hygiene Theory으로 구조화했다. 동기 부여 요인과 위생 요인이 갖춰졌을 때 조직은 건강한 문화를 만들 수 있다. 동기 부여 요인이 확실하다면 구성원들은 자신의 직무에 만족하며 일할 수 있다. 동기 부여 요인에는 성취감, 성과에 대한 인정, 책임감, 성장과 발전 가능성 등이 있다. 반면 위생 요인은 충족되지 않으면 조직 문화에 부정적으로 작용한다. 위생 요인은 구성원에게 없어서는 안 될 필수적이고 기본적인 요소다. 연봉, 적절한 업무 환경과 제도, 조직 내 인간관계와 따를 수 있는 리더십이 위생 요인에 해당한다.

이 두 가지 요인은 서로 독립적이다. 동기 부여 요인과 같은 긍정적 요소가 아무리 많아도 위생 요인이 관리되지 않으면 결국 조직에 대한 만족도는 떨어진다. 건강한 조직을 위해서는 동기 부여 요인과 위생 요인 모두 관리할 필요가 있다.[86] 그에 따라 최근 몇몇 기업은 조직의 부정적인 요인을 줄이는 것을 넘어 긍정적 요인을 늘리려 시도한다. 직원 경험 다양화, 인사 제도 점검 등이 그 사례다. 일부는 MZ세대의 니즈에 맞춰 직원 경험을 재설계하고 새로운 인사 제도를 도입하고 있다. 기존의 인사 제도가 하향식Top-down 방식이었다면, 직원 경험을 중심으로 설계하는 인사 제도는 상향식Bottom-up이다. 긍정적 직원 경험 설계는 구성원의 성과를 향상시키고 이직 의도를 낮춘다.

이를 위해서는 우선 구성원이 원하는 것을 명확히 파악하는 것이 중요하다. 기업 입장에서는 MZ세대의 퇴사 원인을 낮은 연봉이라고 생각할 수 있으나 실제 원인은 관계적 요인인 경우가 많다. 기업과 구성원이 생각하는 퇴사 원인을 조사한 맥킨지의 보고서에서도 이러한 경향을 확인할 수 있다. 기업은 직원의 퇴사 원인을 연봉, 건강, 조건으로 봤지만 구성원은 소속감, 존중, 발전의 기회를 중요시했다. 퇴사 원인에 대해서도 회사와 구성원 간 관점의 차이가 나타나는 것이다.[87] 결국 회사의 관점에서 이들을 바라보는 것이 아닌, 구성원이 실제로 경험하는 것을 파악하고 그에 따른 조치를 마련하는 것이 중요하다.

중요한 순간을 긍정적 기억으로

미국의 네트워킹 서비스 기업 '시스코Cisco'는 서베이와 토론,

인터뷰를 통해 구성원의 생애 주기Life Cycle에 따른 주요 순간 Moments of Impact을 11개로 추렸다. 시스코의 구성원들은 첫 인터뷰 순간, 마지막 출근 날, 생일과 같은 날을 주요 순간으로 꼽았다. 이후 기업은 각 주요 순간마다의 긍정적, 부정적 경험을 정의하고 개선 포인트를 도출했다.

　　시스코는 연간 성과 평가 제도를 폐지하고 주간 성과 체크인 제도를 마련했으며, 구성원 생일 휴가를 신설했다. 이외에도 시스코는 분기별 펄스 서베이를 통해 구성원들이 느끼는 긍정적, 부정적 경험의 변화를 지속적으로 수집하고, 구성원의 반응을 파악해 긍정 경험을 관리하고 있다. 중요한 순간에 회사의 지원이 강화되자 구성원들은 회사의 존중과 배려를 느낀다고 답했다. 결과적으로 시스코 구성원의 96퍼센트는 시스코가 일하기 좋은 직장이라고 평가했다. 2020년에는 전 세계에서 가장 일하기 좋은 직장 1위에 선정되기도 했다.[88]

　　아래의 체크 리스트를 통해 직원 경험을 설계할 때 고려할 사항들을 확인할 수 있다. 해당 리스트는 온라인 조사 업체 갤럽과 '퀄트릭스Qualtrics'[89]의 분석을 재구성한 자료다. 하단의 체크 리스트를 참고한다면, 각 조직의 특성에 맞춘 제도를 새로 디자인할 수 있을 것이다.

인재 유인

• 지원자에게 직무 역할을 명확히 알려 줘 예상과 다른 일을
맡지 않도록 하는가?

인재 채용

• 직무와 조직 문화에 적합한 인재(The Right Talent)를 채용
하는가?

첫인상

• 온보딩 과정에서 신입 직원들에게 긍정적인 경험을 제공하
는가?

업무 몰입

• 구성원들이 매일 업무에 몰입하고 열정적으로 임하는가?

• 구성원들의 강점을 기반에 두고, 목적의식을 갖고 일하도록
하는가?

• 번아웃 유발 요소에 대해 구성원으로부터 자주 피드백을 받
는가?

• 원격 근무, 유연 근로제 등을 통해 업무 시간과 공간에 유연
성을 제공하는가?

평가·보상

- 구성원은 성과 평가가 공정하고 객관적이라고 인식하는가?
- 조직은 구성원에게 정기적으로 투명하고 건설적인 피드백을 제공하는가?

성장·커리어 개발

- 고성과자들은 회사의 미래를 긍정적으로 바라보는가?
- 구성원에게 유연하고, 개인화된 성장 기회를 제공하는가?
- 커리어 성장과 발전에 대해 지속적으로 코치하는가?

마지막 인상

- 인재들이 이직하는 주요 경쟁사는 어디인가?
- 핵심 인재가 회사를 떠나는 이유는 무엇인가?
- 현재의 퇴직 프로그램이 구성원에게 긍정적인 경험을 제공하고 있는가?

구성원들의 의견을 듣고 그를 회사의 비전, 지향과 연계하는 과정도 필요하다. 미래학자 제이콥 모건Jacob Morgan에 따르면 직원 경험[90]은 "직원이 조직에 바라는 것과 조직에서 직원을 위해 설계하고 만들어 내는 것이 일치할 때" 발생한다.

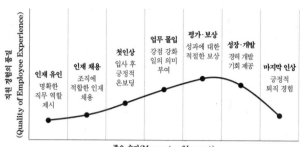

주요 생애 주기별 직원 경험 설계

세로축: 직원 경험의 품질 (Quality of Employee Experience)

가로축: 주요 순간(Moments of Impact)

- **인재 유인** 명확한 직무 역할 제시
- **인재 채용** 조직에 적합한 인재 채용
- **첫인상** 입사 후 긍정적 온보딩
- **업무 몰입** 강점 강화 일의 의미 부여
- **평가·보상** 성과에 대한 적절한 보상
- **성장·개발** 경력 개발 기회 제공
- **마지막 인상** 긍정적 퇴직 경험

직원을 고객처럼

숙박 플랫폼을 운영하는 기업 '에어비앤비Airbnb'는 외부 고객 뿐 아니라 내부 고객인 직원에게도 "어디에서든 함께하라 Belong Anywhere"는 회사의 지향점을 전달하기 위해 노력한다. 구성원이 회사의 지향과 목적에 공감해야만 비로소 고객의 만족도도 높아진다는 이유에서다. 따라서 에어비앤비는 직원의 업무 환경에 소속감과 편안함을 부여했다. 구성원은 언제 어디서나 작업할 수 있고, 업무 공간은 집과 같은 편안한 분위기를 연출했다. 에어비앤비의 업무 공간에는 카페, 식당, 거실, 요가실이 마련돼 있다. 직원들은 다양한 공간에서 모여 소속감을 느끼고 각자의 어려움을 나눌 수 있었다. 구성원의 90퍼센트는 에어비앤비를 일하기 좋은 직장으로 추천했다.[91]

에어비앤비는 통상적인 HR 부서가 아닌 'EX(Employee Experience·직원 경험) 팀'을 구성해 직원에게 통합적인 서비스를 제공한다. 원팀One-Team으로 구성된 EX팀은 인재 채용, 인재 개발, 보상, 조직 문화, 시설 관리, 홍보, CSR까지 직원 경험과 관련된 모든 과정을 담당한다. 세분화된 부서를 직원 경험으로 통합하면서 부서가 각자만의 이익을 추구하는 '사일로Silo 현상'을 줄일 수도 있었다. 전 에어비앤비 직원 경험 글로벌 책임자 마크 레비Mark Levy는 "직원들이 성공하도록 만들고, 조직 문화를 개선하는 모든 것이 직원 경험"이라고 말했다. 기존 HR 부서의 지원 기능에서 더 나아가 직원 경험을 통합적으로 지원한다면 새로운 제도를 설계하기 쉬울 수 있다.

또한 구성원이 직접 제도 개선에 참여하는 것도 긍정적 직원 경험을 만드는 하나의 방법이다. 구성원이 직접 직원 경험을 설계한다면 변화에 대한 저항이 비교적 작다. IBM은 성과 관리 제도를 개선하던 초반, 회사 블로그를 통해 개선안과 관련한 몇 가지 동영상을 업로드했다. 해당 포스팅에는 하룻밤 만에 무려 1만 8000개의 댓글이 달리며 구성원들이 각자의 의견을 표했다. 그렇게 새로운 성과 관리 제도인 '체크포인트Checkpoint'가 만들어졌다.[92]

또한 지속적인 시스템 개선에도 구성원이 적극적으로

참여했다. 토론 포럼 자리에서는 구성원이 현재의 제도에 대해 의견을 개진하고 개선 방향에 대한 아이디어를 나눴다. 다수의 적극적인 참여 덕분에 제도는 꾸준히 구성원이 납득할 수 있는 방향으로 개선됐다.

세심하고 꾸준하게 설계하기

긍정적 직원 경험을 제대로 설계하기 위해서는 무엇보다 철저해야 한다. 숙고 없이 시작했다가는 구성원이 제도의 정비를 실감하지 못하거나 일회성으로 끝날 수 있다. 직원 경험을 설계할 때 몇 가지 주의할 점을 살펴보자.

접근 방법에 있어서는 직원을 내부 고객으로 간주하는 것이 중요하다. 회사의 관점에서는 직원이 불편함을 느끼는 페인 포인트Pain Point가 사소해 보일 수 있기 때문에 마케팅과 브랜딩의 차원에서 직원 경험을 설계하는 것이 좋다. 구성원을 관리와 통제의 대상으로 생각한다면 제도는 구성원을 위한 방향으로 바뀌지 않는다. 근본적인 관점과 접근 방식부터 고민하는 것이 좋다.

또한 직원 경험 설계의 목적과 우선순위를 명확히 설정하는 게 중요하다. 직원의 경험은 입사 이전부터 퇴사 이후까지 회사와 개인이 엮인 모든 순간을 의미하는 방대한 개념이다. 그런 만큼 처음부터 빠른 시간 안에 모든 직원의 경험을 한꺼번에 개선하는 것은 불가능에 가깝다. 그렇기 때문에 기업은 구성원에게 큰 영향을 끼치는 순간들, 중요한 타깃 인재군을 우선순위에 두고 경험을 설계하는 것이 좋다. 서베이를 통해 구성원이 가장 크게 생각하는 부정적 경험 개선을 중심에 두고 제도를 재정비할 수 있다. 주요 순간과 경험은 조직마다, 구성원마다 다르게 나타난다. 모두의 요구와 필요 사이에서 가장 빠르게 개선하고 발전시킬 지점을 찾아야 한다.

마지막으로, 긍정적인 직원 경험을 지속시키는 것이 중요하다. 직원이 경험하는 조직과 기업은 언제나 변화하고 새로워진다. 직원 경험은 한 번으로 끝나지 않는다. 경영진은 이에 대해 책임감과 의지를 갖고 장기적 관점에서 조직을 긍정적으로 변화시키기 위해 노력해야 한다. IBM의 사례와 같이 기업이 지속적으로 발전한다면 구성원은 자신이 몸담고 있는 조직과 함께하는 긍정적인 미래를 그릴 것이다. 조직이 바뀌어야 개인이 바뀐다.

오피스 빅뱅에 답하는 조직

세대론은 자신과 다른 세대의 특성을 빠르게 파악할 수 있는 개념적 틀이지만 한편으로 특정 세대가 갖게 된 특성의 다양성이나 배경을 간과하게 만들기도 한다.

지금 MZ세대는 그 논란의 중심에 서있는 것처럼 보인다. 사회는 MZ세대를 이해하기 어려운 세대로 정의했고 MZ세대는 편견에 둘러진 채 다른 세대와 분리됐다. 다른 세대에 접근하기 위해서는 이해와 존중, 적극적인 소통이 필요하다. 새로운 문화권의 외국인을 만나듯 새로운 세대에게 접근해야 하는 것이다. 세심한 접근이 없다면 세대 차이는 쉽게 갈등으로 발전한다.

코로나 시기 원격 근무라는 새로운 업무 방식과 사회적 거리두기로 인해, 많은 MZ세대들은 일과 삶의 의미를 돌아볼 수 있었다. 기존의 회식, 평가, 조직 문화 등에 의문을 표하게 된 것이다.《트렌드코리아 2023》은 MZ세대의 직장관 변화와 조직 문화의 격변이 노동 시장 시스템의 변화로 이어질 것이라 예측했다. 이른바 '오피스 빅뱅'이다.[93] 기존의 조직 운영 방식은 MZ세대에게 소구할 수 없다. 이들의 번아웃을 막기 위해 조직은 문화와 제도, 복리 후생 등 기업의 구조 전체를 정비해야 한다.

번아웃을 유발하는 요소에는 분명 개인적 상황도 있지만 그보다는 조직적이고 구조적인 요인이 절대적인 영향을 미친다. 취업난으로 힘들어하는 MZ세대는 단순히 멘탈이 약하거나 노력이 부족한 것이 아니다. 분석 결과에 따르면 1994년생이 수능을 보고 대기업, 공기업, 공무원, 전문직 등의 이른바 '좋은 직장'을 갖게 될 확률은 20퍼센트에 지나지 않는다. 다섯 명 중 한 명만이 질 좋은 일자리를 얻을 수 있다는 뜻이다.[94] 게다가 높은 경쟁률로 인한 스펙 인플레이션과 기업 규모에 따른 연봉 및 복지 양극화 현상으로 인해 그 확률은 점점 더 작아지고 있다.

지금의 MZ세대는 소수의 승자를 제외하고는 모두가 탈락하는 시대에 살고 있다. 이러한 사회 구조는 그들을 번아웃의 구렁텅이에 밀어 넣고 있다. 번아웃은 개인에게도, 조직에게도, 사회에게도 가벼운 문제가 아니다. 조직은 모두가 악순환에 빠지기 전에 구성원의 이야기를 듣고 적극적으로 제도를 정비할 책임이 있다.

번아웃에는 만병통치약이 없다. 모두가 다른 이유로 괴로워하며, 모든 조직은 각자의 어려움을 겪고 있다. 그렇기 때문에 세심하고 지속적인 접근이 필요하다. 몇 가지 질문에서 출발할 수 있다. 우리 조직은 왜 어려울까? 구성원들은 왜 힘들까?

모두가 계속해서 노력한다면 언젠가는 모두가 남고 싶은 기업이 탄생한다. '절이 싫으면 중이 떠난다'는 말이 있다.

그러나 중이 한 명도 없는 절은 지속하기 어렵다. 시각을 바꿔 절을 다시 설계해 보는 건 어떨까. 부디 이 책이 번아웃을 겪는 모든 이에게 건강한 조직을 선사하는 해독제가 되길 바란다.

주

1 _ Deloitte Global, 〈The Deloitte Global 2022 Gen Z and Millennial Survey〉, 2022, p.30.

2 _ 하완, 《하마터면 열심히 살 뻔했다》, 웅진지식하우스, 2018, 34쪽.

3 _ 앤 헬렌 피터슨(박다솜 譯), 《요즘 애들》, RHK, 2021, 166쪽.

4 _ 이재윤, 〈1년만에 떠나는 MZ세대…기업 85% "조기퇴사자 있다"〉, 《머니투데이》, 2022. 7. 21.

5 _ Gallup, 〈Gallup's perspective on employee burnout: Causes and cures〉, 2020, p.4.

6 _ McKinsey Health Institute, 〈Addressing employee burnout: Are you solving the right problem?〉, 2022, p.2.

7 _ Deloitte Global, 〈The Deloitte Global 2022 Gen Z and Millennial Survey〉, 2022, p.31.

8 _ 윤혜미, 〈소진: 그 다면적 이해와 대응방안〉, 《한국사회복지학》, 22, 1993, 118-141쪽.

9 _ 문세영, 〈"다 그만 두고 싶다"…흔한 번아웃 증후군 4〉, 코메디닷컴, 2020. 11. 10.

10 _ 서울대병원 강남센터 정신건강의학과

11 _ Jerry Edelwich and Archie Brodsky, 《Burn-out: Stages of Disillusionment in the Helping Professions》, New York: Human Sciences Press, 1980.

12 _ Christina Maslach and Michael P. Leiter, 〈Understanding the burnout experience: recent research and its implications for psychiatry〉, 《World Psychiatry》 15(2), 2016, pp. 103-111.

13 _ Julia Moeller et al., 〈Highly engaged but burned out: intra-individual profiles in the US workforce〉, 《Career Development International》 23(1), 2018, pp. 86-105.

14 _ Stephanie Neal, Jazmine Boatman and Bruce Watt, 〈Global Leadership Forecast 2021〉, Development Dimensions International, 2021, p. 12.

15 _ Matt Plummer, 〈How Are You Protecting Your High Performers from Burnout?〉, 《Harvard Business Review》, 2018. 6. 21.

16 _ McKinsey Health Institute, 〈Addressing employee burnout: Are you solving the right problem?〉, 2022, p.9.

17 _ 트렌드모니터, 〈2015 직장인 번아웃 증후군 및 '미생' 관련 인식 조사〉, 2015.

18 _ 트렌드모니터, 〈2020 직장인 번아웃 및 감정노동 관련 인식 조사〉, 2020.

19 _ 김세라, 〈직장인 64.1% '번아웃 증후군'…건강 잃고 퇴사까지〉, 《소비자경제》, 2021. 3. 8.

20 _ 〈대한민국에서 '초딩'으로 산다는 것〉, 지식채널e, 2007. 4. 30.

21 _ 잡코리아, 〈2022년 상반기 대기업 합격자 스펙 분석〉, 2022.

22 _ 손국희, 〈'서울대 학점 2.7' 80년대 학번 지금 취업 도전하면 … 대기업 "지원 자격도 안 된다"〉, 《중앙일보》, 2016. 8. 4.

23 _ 사람인, 〈2020년 취업 경쟁률 전년대비 2배 증가... 좁은 문 뚫은 합격자는?〉, 2020.

24 _ 유선일 외 2인 〈돈 벌려고 취업하는데…"스펙 쌓다 '수천만원' 깨졌다"〉, 《머니투데이》, 2022.09.18.

25 _ 잡코리아, 〈니트족 경험 유무 조사〉, 2021.

26 _ OECD, 〈OECD Employment and Labour Market Statistics〉, 2022.

27 _ 한국경영자총협회, 〈한 · 일 · EU 근속연수별 임금 격차 국제비교와 시사점〉, 2021, 4쪽.

28 _ 사람인, 〈요즘 직장인 2명 중 1명, "승진, 인생에서 크게 중요한 문제 아냐"〉, 2021.

29 _ 김현아, 〈400억 투자받은 블라인드의 '명과 암'〉, 《이데일리》, 2021. 5. 18.

30 _ 윤다빈, 〈과로사회 MZ세대 44% "번아웃 경험"… 힐링 리스트 작성-실천을〉, 《동아일보》, 2022. 7. 12.

31 _ Thomas Curran and Andrew P. Hill 〈Perfectionism is increasing over time: A meta-analysis of birth cohort differences from 1989 to 2016.〉, 《Psychological Bulletin》 145(4), 2019, pp. 410 - 429.

32 _ 송충현, 〈MZ세대 자산 양극화 심화… 상위 20%가 하위 20%의 35배〉, 《동아일보》, 2021. 10. 12.

33 _ 대학내일20대연구소, 〈자기개발과 루틴으로 일상을 가꾸는 MZ세대, 일상력 챌린저〉, 2021.

34 _ 회복 탄력성이란 실패나 역경에도 적절히 대처하고 빠르게 회복하는 역량을 의미한다.

35 _ McKinsey Health Institute, 〈Addressing employee burnout: Are you solving the right problem?〉, 2022, p.8

36 _ Susan Ladika, 〈Burnout Is a Problem for HR Professionals〉, 《HR Magazine》, 2022. 3. 14.

37 _ 홍주희, 〈머스크 "주 40시간 일해선 세상 못 바꿔, 80시간 해야"〉, 《중앙일보》, 2018. 11. 29.

38 _ Zara Stone, 〈A Mental-Health Crisis Is Brewing in Silicon Valley〉, 《Business Insider》, 2022. 4. 11.

39 _ Chavie Lieber, 〈Amazon employees are using Prime Day to push for better working

conditions〉,《Vox》, 2018. 7. 16.

40 _〈IT 근로자 '996근무'에 죽겠다는데…마윈 "젊어 고생은 영광"〉,《한겨레》, 2019. 4. 13.

41 _ 박석진, 〈중국의 996 근무관행과 과로사〉,《국제노동브리프》, 17(12), 2019.12., 101-109쪽.

42 _ 천호성, 〈곪아터진 '쥐어짜기' 관행…'네카오', 소통으로 달라졌다〉,《한겨레》, 2022. 6. 6.

43 _ 안옥희, 〈'철밥통보다 금융 치료, 네카오 갈래'…공무원 인기 추락〉,《한경BUSINESS》, 2022. 7. 27.

44 _ 임기창, 〈[脫공직 청년들] ② "'열심히 일하면 바보 되는 곳'에 있기 싫었다"〉,《연합뉴스》, 2022. 4. 23.

45 _ Deloitte Global, 〈The Deloitte Global 2022 Gen Z and Millennial Survey〉, 2022, p.15.

46 _ 고보현 · 박나은, 〈공시 어렵게 붙고도 사표 던지는 2030…그 사연 봤더니〉,《매일경제》, 2022. 3. 2.

47 _ 대한상공회의소 · 맥킨지, 〈한국기업의 조직건강도와 기업문화 보고서〉, 2016.03.15., 4쪽.

48 _ McKinsey Health Institute, 〈Addressing employee burnout: Are you solving the right problem?〉, 2022, pp.6-7.

49 _ 이윤주 · 이미형, 〈병원간호사의 직장 내 괴롭힘과 직무 스트레스가 이직도에 미치는 영향〉,《정신간호학회지》, 22(2), 2013, 77-87쪽.

50 _ 병원간호사회, 〈병원간호인력 배치현황 실태조사〉, 2015~2019.

51 _ McKinsey Health Institute, 〈Addressing employee burnout: Are you solving the right problem?〉, 2022, p.7.

52 _ Microsoft, 〈The Next Great Disruption Is Hybrid Work—Are We Ready?〉, 2021. p. 7.

53 _ 이기철, 〈MZ세대가 재택근무를 좋아하지 않는다고?…'지정 좌석 오피스 출근' 선호〉, 《서울신문》, 2022. 3. 23.

54 _ Jim Harter, 〈Is Quiet Quitting Real?〉, Gallup, 2022. 9. 6.

55 _ 대학내일20대연구소, 〈멘탈 관리 원하는 MZ세대, 전문 케어는 아직 부족〉, 2021.

56 _ CB Insights, 〈State of metnal health tech 2021 report〉, 2022.

57 _ 김윤화, 〈"호흡에 집중합니다"…국내 명상앱 마보·코끼리 각축전〉, 녹색경제신문, 2021. 10. 25.

58 _ 이덕주, 〈마인드카페, 200억원 시리즈B 투자 유치〉, 《매일경제》, 2022. 2. 7.

59 _ 최운정, 〈"회원 약 95만, 대한민국 최고의 멘탈 헬스케어 기업, 해외 진출을 통해 더 많은 사람의 치유를 돕겠습니다"〉, 《종합시사매거진》, 2021. 11. 30.

60 _ 차드 멩 탄(권오열 譯), 《너의 내면을 검색하라》, 알키, 2012, 54쪽.

61 _ 차드 멩 탄(권오열 譯), 《너의 내면을 검색하라》, 알키, 2012, 75-76쪽.

62 _ Ute R. Hülsheger et al., 〈Benefits of mindfulness at work: The role of mindfulness in emotion regulation, emotional exhaustion, and job satisfaction〉, 《Journal of applied psychology》, 98(2), 2013, pp. 310-325.

63 _ Rich Fernandez, 〈Search Inside Yourself, A profound, practical & accessible approach to mindfulness & emotional intelligence〉, Garrison Institute, 2019. 12. 11.

64 _ 차드 멩 탄(권오열 譯), 《너의 내면을 검색하라》, 알키, 2012, 61-62쪽.

65 _ 차드 멩 탄(권오열 譯), 《너의 내면을 검색하라》, 알키, 2012, 145-146쪽.

66 _ 차드 멩 탄(권오열 譯), 《너의 내면을 검색하라》, 알키, 2012, 230쪽.

67 _ Microsoft, 〈마이크로소프트, 최초의 직원 경험 플랫폼 '비바' 출시〉, 2021.

68 _ Minda Zetlin, 〈This 210,000-Employee Company Just Banned Zoom on Fridays. Here's Why You Should Too〉, 《Inc.》, 2021. 3. 26.

69 _ 양진원, 〈"일하는 방식 바꾸자"… IT 업계 근무제 '천차만별'〉, 《머니S》, 2022. 9. 7.

70 _ Jennifer Moss, 〈Beyond burned out〉, 《Harvard Business Review》, 2021. 2. 10.

71 _ 애덤 그랜트(윤태준 譯), 《기브 앤 테이크》, 생각연구소, 2013.

72 _ 강승훈, 《이제부터 일하는 방식이 달라집니다》, 위즈덤하우스, 2020, 223-224쪽.

73 _ Gallup, 〈Gallup's perspective on employee burnout: Causes and cures〉, 2020, p. 9.

74 _ 퀄트릭스의 〈The ultimate guide to employee burnout〉 자료를 바탕으로 구성했다.

75 _ Todd Fonseca and Timothy Murphy, 〈Avoiding the feedback monsters〉, Deloitte University Press, 2017, p.9.

76 _ 김난도 외 9인, 《트렌드 코리아 2023》, 미래의창, 2022, 187쪽.

77 _ Chris Shenton, 〈Gen Z in the workplace: Culture needs to be 'frequent feedback' focussed〉, Weekly 10, 2020. 5. 15.

78 _ 정은혜, 〈한국어도비시스템즈 _ 체크인으로 성과관리의 효율성과 능동성 높이다〉, 《HR insight》, 2018. 5. 24.

79 _ Gallup, 〈Gallup's perspective on employee burnout: Causes and cures〉, 2020, p. 18.

80 _ 윤대현, 〈[윤대현의 마음속 세상 풍경] [106] '나만 옳다'서 벗어나려면〉, 《조선일보》, 2022. 5. 24.

81 _ Molly McHugh-Johnson, 〈The big story behind a little Blue Dot〉, Google Blog, 2020. 5. 27.

82 _ Sarah Murray, 〈Burnout and America's great resignation: how employers can help〉, 《Financial Times》, 2022. 5. 16.

83 _ Visier, 〈The burnout epidemic report 2021〉, 2021, p. 4.

84 _ McKinsey Health Institute, 〈Addressing employee burnout: Are you solving the right problem?〉, 2022, p. 14.

85 _ Qualtrics, 〈How Adidas uses employee pulse surveys〉 참고.

86 _ Jennifer Moss, 〈Burnout is about your workplace, not your people〉, 《Harvard Business Review》, 2019. 12. 11.

87 _ Aaron De Smet et al., 〈'Great Attrition' or 'Great Attraction'? The choice is yours〉, 《McKinsey Quarterly》, 2021. 9. 8.

88 _ 사이트 '일하기 좋은 곳Great Place To Work'이 구성한 리스트 〈World's Best Workplaces 2020〉 참고.

89 _ 갤럽의 〈How to Improve the Employee Experience〉와 퀄트릭스의 〈The ultimate guide to employee burnout〉를 토대로 구성했다.

90 _ 제이콥 모건(도상오 譯), 《직원경험》, 이담북스, 2021, 32-33쪽.

91 _ Jeanne Meister, ⟨The Future Of Work: Airbnb CHRO Becomes Chief Employee Experience Officer⟩, 《Forbes》, 2015. 7. 21.

92 _ Lisa Burrell, ⟨Co-creating the employee experience⟩, 《Harvard Business Review》, 2018. 3. 1.

93 _ 김난도 외 9인, 《트렌드 코리아 2023》, 미래의창, 2022, 171쪽.

94 _ 신재용, 《공정한 보상》, 홍문사, 2021, 17-19쪽.

북저널리즘 인사이드   이 세대는 우리
시대의 문제다

심리학 용어로 출발한 번아웃 신드롬은 지금 시대를 정의하는 감각으로 자리 잡았다. 초연결 시대는 사람과 사람만 연결하지 않았다. 사람과 일, 직장과 집은 보이지 않는 선으로 연결됐다. 비로소 언제나, 어디서나 일할 수 있고, 일해야 하는 시대가 된 것이다. 일을 하는 방식과 장소는 바뀌었지만 일이라는 것의 규칙은 그렇지 않았다. 전국의 부장님들은 근무 시간이 곧 생산성이라고 믿었고, 실리콘밸리의 기업들 역시 크게 다르지 않았다. 기업에서 생산성은 곧 성장을 담보하는 지표였으니 당연한 수순이었다. 그 사이 많은 이들은 자신도 모르는 새에 번아웃에 빠졌다.

번아웃이 사회적 문제로 드러난 것은 MZ세대의 움직임이 조금씩 시끄러워진 시점부터였다. 2021년 미국의 대퇴사 행렬, 2022년 틱톡을 뒤흔든 #조용한_퇴직 해시태그, 정의조차 불분명하지만 나태한 이들이라 불리는 니트족이 번아웃 현상을 알리는 확성기가 됐다. 언론, 조직, 국가는 걷잡을 수 없고, 이해할 수 없는 소음을 마주하며 쉬운 희생양을 찾았다. 다름 아닌 MZ세대 개인이 그 타깃이 됐다. 개인의 게으름과 나태함, 현실 감각의 결여, 트렌드와 챌린지라는 말은 이들의 비명을 감출 수 있는 수식어였다. 문제의 본질이 흐려질수록, 내부는 점차 황폐해졌다.

어쩌다 청년은 번아웃 세대가 되었을까? 《번아웃 세대》

는 번아웃 세대의 원인을 불일치와 충돌에서 찾는다. 세대와 세대 사이에서 발생하는 불일치, 개인과 조직 사이의 불일치, 조직과 사회 사이에서 발생하는 불일치, 심지어는 자신의 이상과 현실 사이의 충돌 모두가 그 원인이 된다. 압력이 강해질수록 가장 먼저 끊어지는 것은 언제나 약한 고리다. 지금의 MZ세대는 모든 불일치를 견뎌야 하는, 가장 약한 고리가 됐다. 끊어진 약한 고리는 조직과 사회 전체를 금방 녹슬게 한다. 누군가는 자기 자신을 희생해 계속해 타들어 가지만, 누군가는 번아웃에서 벗어나기 위해 의도적으로 자신을 최소화한다. 사회와 조직은 개인을 비난하고, 옆자리 동료는 그 피해의 원인이 된다. 이런 모습의 사회에서 모든 이들은 피해자가 된다.

악순환을 끊기 위해 우리는 지금의 청년 세대를 봐야 한다. 청년 세대에게 일은 돈이라는 목적을 위한 수단이 아니다. 근로 소득은 미래를 담보할 수 있는 힘을 잃었다. 성장은 이제 멈춘 것처럼 보인다. 미래는 어두운데, 그들에게 얹어진 과거의 짐은 무겁다. 대학 진학률이 70퍼센트가 넘어가고, 대학과 스펙은 마치 의복처럼 자연스러워졌다. 이제 중요한 건 그 의복을 얼마나 화려하게 꾸밀 수 있는가의 문제다. 지금의 스펙 인플레이션은 불가피하지만 합리적이지는 않다. 완벽하게 꾸미지 못하면 자신을 자랑조차 할 수 없는 환경에서, MZ

세대는 부족함과 억울함이라는 상반된 감각을 함께 경험한다. 충돌의 시대에서 역설의 세대가 태어났다.

그렇다면 이 세대는 우리 시대의 문제다. 시대는 너무도 거대해서, 개인의 책임만으로 해결하기는 역부족이다. 오히려 개인에게 시대의 문제를 맡기면 그는 또 다른 충돌로 돌아온다. 줄 퇴사, 인력난과 같은 가시적이고 단기적인 사회 현상만이 아니다. 사회 전체가 경쟁 사회로 내몰리며 자신의 몫을 챙기기에 급급한 이들로 채워진다. 모두가 각자도생하는 사회에서는 움직이지 않는 것이 곧 실패가 된다. 사람들은 끊임없이 움직이며 자기 자신을 닳게 한다. 번아웃이 시대정신이라면 그를 해결하는 것 역시 시대와 사회의 문제라는 말이다.

시대는 언제, 어떻게 바뀔까? 《사이언스》에 게재된 논문 〈사회 변화를 위한 티핑 포인트〉에서 한 가지 힌트를 얻을 수 있다. 25퍼센트의 구성원이 움직이면 사회가 바뀐다. 사회가 번아웃 세대를 마주하며 바꿔야 할 태도는 개인에게 돌리는 책임이 아닌 개인과 개인 사이의 연결을 향한 태도다. 다른 세대를 틀린 세대로 받아들이지 않고, 말 한 마디를 이해하고, 자주 이야기를 나누는 것만으로도 조직은 바뀌고, 티핑 포인트는 가까워진다. 체계와 시스템은 그 연결의 태도를 보조할 수 있다. 왜 그들은 나약한가가 아닌, 번아웃 세대는 왜 탄생

했나를 바라볼 때가 왔다. 우리가 그들을 번아웃 '세대'로 호명할 때 번아웃은 해결할 수 있는 현상이 될 것이다.

김혜림 에디터